技工院校公共基础课程教材

自我管理

（第三版）

主　编　郑楚云　王泳娣
副主编　田　琳　龙　莉
参　编　叶　蓉　张嵛玉　吴玉云
陈国清　廖秋兰　王雪玲
宋　艳

中国劳动社会保障出版社

图书在版编目（CIP）数据

自我管理 / 郑楚云，王泳娣主编．-- 3 版．-- 北京：中国劳动社会保障出版社，2025．--（技工院校公共基础课程教材）．-- ISBN 978-7-5167-6992-8

Ⅰ．C912.1

中国国家版本馆 CIP 数据核字第 20257XN855 号

自我管理（第三版）

ZIWO GUANLI

中国劳动社会保障出版社出版发行

（北京市惠新东街 1 号　邮政编码：100029）

*

三河市华骏印务包装有限公司印刷装订　　新华书店经销

787 毫米 ×1092 毫米　16 开本　10.75 印张　189 千字

2025 年 12 月第 3 版　　2026 年 2 月第 2 次印刷

定价：21.00 元

营销中心电话：400-606-6496

出版社网址：https://www.class.com.cn

https://jg.class.com.cn

前言

技能人才是我国人才队伍的重要组成部分，也是实施人才强国战略、就业优先战略和创新驱动发展战略不可或缺的支撑力量。着力培养高素质劳动者和技术技能人才，对于迈入新时代、培育新动能、实现经济社会高质量发展具有十分重要的现实意义。

党中央、国务院高度重视技能人才队伍建设。党的二十大报告提出要努力培养造就更多大国工匠、高技能人才。中共中央办公厅、国务院办公厅下发的《关于深化现代职业教育体系建设改革的意见》中，明确提出要培养更多高素质技术技能人才、能工巧匠、大国工匠。技工院校是培养技能人才的摇篮，加强通用职业素质课程建设，是弘扬劳模精神、劳动精神和工匠精神，促进学生养成良好职业素质的有效途径，更是强化“德技并修、工学结合”育人机制，落实立德树人根本任务，提高技能人才培养质量的重要举措。

通用职业素质是从业人员除岗位所需要的专业知识和技能外，在职业活动中所表现出来的最关键、最核心的综合品质和能力，是从业人员职业理想信念、职业基本意识、通用职业能力、通用职业知识等方面的综合体现。技工院校通用职业素质课程由自我管理、自主学习、理解与表达、交往与合作、信息检索与处理、企业管理与企业文化、就业指导与实训和创业创新指导与实训等模块组成，着重体现职业素质在宏观意识和一般方法上的导向作用，为专业课程中的职业素质融合运用提供方法论基础。

本课程以学生终身职业发展为目标，以实用性、有效性和综合性为原则，根据职业发展所需要的各项通用职业素质构建课程体系和内容，以学生为主体进行教学设计并安排教学活动，强化学生通用职业能力的培养。表现出以下几个鲜明特点：

第一，以学生需要为中心。课程内容设置紧密围绕学生在职业素质方面的主观需要和客观必需，帮助学生明确学习目标，确立养成途径，最终适应岗位和适应职业发展。教学活动注重凸显学生的主体地位，引领学生自主探究和实践，获得价值体验，在行动中内化观念、意识和知识。

第二，以职业发展为核心。课程目标设定、模块架构、教学实施和学习评价均指向帮助学生获得更好的职业发展。课程的功能定位是在职业理想信念驱动下的职业基本意识和通用职业知识的综合运用，为学生就业、转岗、创新创业提供支撑，满足学生职业发展的素养要求。

第三，以能力培养为重心。坚持以能力本位、问题导向为原则，课程内容不追求知识体系的完备性，不灌输不必要的概念性、理论性知识，尽量避免生硬的理论阐述。聚焦解决职业活动中的实际问题，将知识传授与能力训练相结合，通过案例分析、任务引领、项目训练等活动教学，重在培养通用职业能力，侧重考查实践过程和结果，引导各项素质培育有机融合，相互促进。

本课程提供配套线上资源，可登录 https://jg.class.com.cn 观看或下载。

本教材由郑楚云、王泳娣担任主编，田琳、龙莉担任副主编，叶蓉、张嵛玉、吴玉云、陈国清、廖秋兰、王雪玲、宋艳担任参编。

目录

绪 论

一、为什么要学习自我管理

“老师，我能够按时上课、认真完成作业，还需要专门学习自我管理吗？”

自我管理不只是应对当下，更是为了迎接未来。学好自我管理能让你形成正确的自我观念，认识自我、理解自我；能让你具有自我管理的能力，敏于规划、善于调整、勤于自律、勇于自省。

技工院校的学习生活需要自我管理。在工学一体化技能人才培养的教学模式下，你可能身兼学生、学徒、准员工三重角色，这需要你不断适应角色并提升角色水平。如果你是焊接专业学生，上午你在教室学习金属材料学，下午就要在实训室完成平焊和立焊实操，这种工学交替的学习模式对时间规划能力提出了更高的要求；参加实习时，你既要快速适应职场节奏，又要持续学习理论知识，双重压力下，保持良好心态尤为重要……通过自我管理，你能够更好地投入技能报国的实践。

青春期的身心变化需要自我管理。你是否注意到有时自己的情绪像过山车般起伏不定？你的学习效率是不是忽高忽低？这些都是青春期的典型特征。从情绪波动到时间分配，从人际关系到自省提升，青春期正是自我管理能力塑造的黄金时期。越早掌握相关技巧，越能减少成长中的试错成本。

现代社会的竞争压力要求你具备自我管理能力。在这个数字信息如潮水般涌动的时代，我们既享受着前所未有的便利，也面临着日益加剧的竞争压力——人工智能重构着职场版图，快节奏的职场生活让人无暇他顾。面对这些挑战，你可以借助科学的自我管理方法，把握生活的方向和节奏，让一切尽在掌握之中。

自我管理能力是终身受益的软实力。未来无论是职场晋升、创业挑战，还是家庭责任，都需要你独立规划、果断决策并坚持执行。学生时期打下的基础，将成为未来人生的重要支撑。

趣味体验营

自我管理达人秀

请观察你身边的同学，找出在以下方面做得最好的人并填写下表，和大家分享你选择的理由。

类型	特征	候选人
角色达人	能够胜任多种角色	
时间达人	规划时间能力强	
计划达人	善于制订计划，并能依据计划行事	
情绪达人	能接纳自己的情绪，并会调整情绪	
心态达人	面对困难和挫折时，心态乐观向上	
习惯达人	坚持锻炼、阅读等	
自律达人	学习过程中，自觉抵制游戏、短视频等诱惑	

二、如何掌握学习自我管理的要领

“老师，我真的能学会自我管理吗？”

自我管理不是天赋，而是一种系统化的能力。就像烹饪专业的同学反复颠勺就能掌握火候，汽修专业的同学反复拆装就能熟悉零件，自我管理也需要你把自己当作“终身学徒”，反复练习，持续精进。

人类大脑具有极强的可塑性。简单来说，你每尝试一次时间规划、每克制一次冲动消费、每完成一个小目标，就重塑一次大脑的神经回路。就像学骑自行车一样，初期或许会摇摇晃晃，但随着反复练习，你会逐渐形成“条件反射式”的能力。

自我管理不是只谈理论，而是扎根于你每一天的真实选择。想一想这些熟悉的情境，实训课上你是提前预习操作步骤，还是等到老师示范时临阵磨枪？学习生活中如何在文化课学习、技能训练与兴趣培养间分配时间？每一次选择都是自我管理的“微实践”。成功时积累经验，失败时分析原因，你会在试错中逐渐找到适合自己的节奏。

在技工院校的学习生活中，同学们已经展现出了许多令人惊叹的才能。或许你是一个动手能力强、喜欢钻研技术的“小工匠”，或许你是一个善于沟通、乐于助人的“社交达人”，又或许你是一个充满创意、对新鲜事物充满好奇的“探索者”。这些都是优势，是自我管理学习过程中可以依靠的力量。

请同学们坚信，你们一定可以真正掌握自我管理能力。

三、学好自我管理，成就健康快乐人生

“老师，我该如何学好这门课程？”

自我管理是一个包含多个维度的动态循环系统。

为了便于学习，每个单元都有简单且体现本单元主旨的点题语；导入部分有的浅显易懂、幽默风趣，有的高度概括、启发思维，有的贴近生活、引发共鸣。教材设置了丰富多样的栏目：“学习目标”以画龙点睛的方式告诉你学习目的；“知识框架”则以思维导图方式，让你对将要学习的内容做到心中有数；“案例启思窗”以同学身边的小故事联结课堂与生活；“知识加油站”是在基本要求上的拓展，你可以多学一点；“故事百宝箱”促使你思考；“趣味体验营”让你体验和理解所学知识；“能力小检测”是操作简单且典型的自我测试；“实践与应用”帮你巩固知识与技能；“读一读”“想一

想”“说一说”“写一写”等是学习的“轻骑兵”，让思考、表达、分享、交流得以实时展开；“拓展与延伸”为你提供拓宽视野的信息；“探究活动”是单元结尾处帮助你训练综合实践能力的栏目。

需要说明的是，自我管理没有固定模式。有人通过制定日程表约束自己，有人依靠养成习惯潜移默化地提升效率。但无论哪种方式，都需要你主动探索适合自己的路径。

实践和改变是学习自我管理的核心，所以，很多时候同学们可以把这本教材当成一本工具书，时常回顾、思考和实践，直到自己发生真正的变化。

自我管理不是一次考试，而是持续一生的修炼。希望同学们在自我管理的道路上，不断突破，不断超越，最终成就一个更加优秀、更加健康、更加快乐的自己！

现在，让我们一起开启这场自我管理之旅吧！

第一单元

角色与我

知人者智，自知者明。胜人者有力，自胜者强。

——老子

自呱呱坠地起，我们便开始扮演形形色色的角色：为人子女、求知的学生、步入社会的职场人，等等。在不断探寻真实自我的过程中，我们会迷茫与困惑，也会充满激情与自信。

无论是自己人生的主角，还是他人故事中的配角，每一个角色都是我们生命中不可或缺的一部分。让我们用勇气和热情，在人生的舞台上演绎出属于自己的精彩篇章。

第一课　我的多样角色

学习目标

1. 通过交流与表达，能分享角色扮演中的体会，并举例说明这些体会如何影响自己对角色的理解。

2. 能够积极参与社会活动，用自己的语言概括学生、家庭成员、职业人和公民的角色责任。

3. 能主动进行角色实践，提升角色水平，并通过实际表现展示角色水平的提升。

知识框架

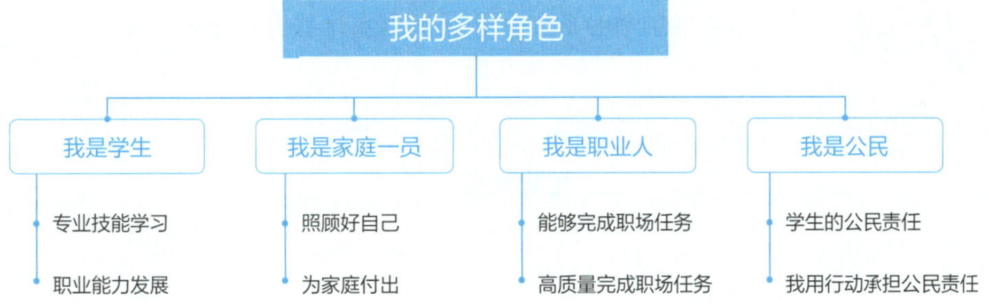

案例启思窗

初中毕业后，晓冬立刻当起了暑期志愿者，每天他都穿着印有统一标识的志愿服，在岗位上完成指定的工作。

开学后，穿上校服，他再次成为一名学生，内心充满了兴奋。发校服时，老师强调每到周一，同学们需要穿着校服参加升国旗仪式。

晓冬穿着校服坐在新教室里，想起了家里的那套蓝色居家服。只要在家，他总喜欢穿着那套居家服。穿上家居服，他总感到无比舒适和放松。

想到这里，晓冬突然冒出了几个疑问："不同的衣服似乎代表着不同的角色。那么，穿田径服、穿礼服又意味着什么呢？为什么自己会有这么多不同的角色？这些角色之间又有什么本质的区别呢？"

思考：关于角色，你有什么想与晓冬分享的吗？

在课堂上，我们是学生；在篮球赛场上，我们是竞技者……在不同时间、不同环境下，我们扮演着不同的角色，而这些角色又有不同的特点和责任，就像一片片花瓣共同组成了完整而丰富的我们。

趣味体验营

角色可以指小说、戏剧或影视剧中的人物，而我们书中所说的角色是指在社会生活中所扮演的角色。

一起来写写你都扮演了哪些角色，并说说你在这些角色中的感受。

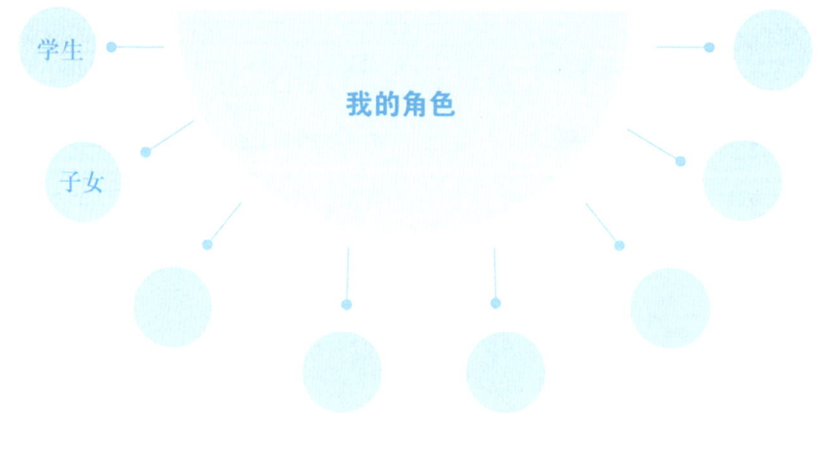

一、我是学生

读一读

在古代，学生有不同的雅称。

青衿，旧时读书人穿的一种衣服，借指读书人，象征着对青春与知识的追求。

桃李，如春日里盛开的桃李之花，比喻所教的学生。

高足，原指骏马，后成为敬辞，指别人的学生。

门下，指的是向老师或前辈学习的人，体现了师承关系和知识、技艺的传承。

在校园生活中，你已经学会了专注求学、尊敬师长、遵守纪律。学习就像是一条不断延伸的道路，知识越丰富，道路就越宽广，学习能为你开启更多通往未来的路。

1. 我是技工院校学生

技工院校学生是一种全新的身份，你将在技工院校开启一段全新的旅程。一切从头开始，充满期待与挑战。

你可能会问："技工院校学生有什么特点？我能胜任这个角色吗？"

技工院校学生更注重动手实践。技工院校学生以学技能为主，学习地点不仅在教室，还包括各种实训室。你的实操学习是在具体任务场景中进行的，每一次学习都解决一个具体问题。

这种"学中做、做中学"的学习模式通过一个个具体的学习任务使你掌握技能，让你收获满满成就感。

有同学担心自己以前某些科目基础薄弱影响当前专业的学习，这种担心是可以理解的。这种担心恰恰体现了我们对自身发展的期待，期待在这里取得更好的成绩和收获。心理学研究表明，适度的焦虑情绪能够转化为内在动力，激发潜能，促使我们更加专注于当前的学习，从而提高学习效率。

事实上，技工院校各专业的核心课程大多为全新内容，与同学们之前学习的内容关联较小。这就意味着，所有同学都站在同一起跑线上，共同开启一段全新的技能探索与实践之旅。在这里，有老师的悉心指导、同学间的互助合作，以及大量的实训和实习机会。虽然专业技能学习初期你可能会有些不适应，但随着你的努力和付出，你将在专业技能学习的道路上越走越自信，最终收获属于自己的成功。

趣味体验营

对于你来说，技工院校学生是一个全新的角色。为了能更好地适应这个角色，首先要对自己有比较客观的评价。请完成下列内容。

1. 根据你的实际情况，完成填空。

我是________________专业的学生。

2. 总结自己的特点（如外貌特点、性格特点、做事风格等），完成等式。

________+________+________+________+________+________= 我

3. 结合专业需要，完成分类。

我的专业需要	我的优势	我需要改进的地方
擅长沟通	性格外向	要学会分清说话场合

读一读

自我评价就是对自己的外貌、体质、个性、思维、行为、能力等进行实事求是的分析和判断。

2. 请叫我技能高手

故事百宝箱

洪家光是如何从一名初出茅庐的技校毕业生，成长为一位大国工匠的呢？

洪家光来自农村，他刻苦好学，技工院校毕业后在中国航发沈阳黎明航空发动机有限责任公司上班。起初，他的工作内容枯燥重复，甚至连飞机的影子都看不到，这让他感到迷茫。一位老师傅告诉洪家光：“我们都是小零件，但你的质量会直接影响大机器，甚至大工程。虽然你现在只是一名普通技术工，但是只要不断学习，就有更大的作为。”在老师傅的启发下，洪家光在工作中不断磨炼和提高技能。

航空发动机叶片滚轮精密磨削技术是我国航空事业发展的重大挑战。面对技术瓶颈，洪家光主动率领团队攻坚克难。他们在多项技术环节大胆创新、不懈钻研，如切如磋、如琢如磨，历经5年多的艰苦探索，终于实现了航空发动机叶片滚轮精度的有效提高，叶片加工质量得到显著提升，为数控制造和批量生产打下坚实的基础。凭借这一成果，洪家光荣获了国家科学技术进步奖二等奖。

功夫不负有心人，洪家光凭借高超的技术和对我国航空工业的卓越贡献，赢得了中华技能大奖、全国五一劳动奖章等多项殊荣。

思考：请你用三个词语形容洪家光。

习近平总书记说：“大国工匠是我们中华民族大厦的基石、栋梁。”我们国家要走高质量发展道路，创造更多的大国重器、科技成就，需要更多的高素质技术技能人才、能工巧匠、大国工匠。

同学们现在是技能新手，大家可以从新手、生手、熟手、能手到专家，一步一个脚印地向着行业精英、大国工匠前进。

向专家、老师、同伴学习　　独立完成技能任务　　独当一面，有创造力

新手 ＞ 生手 ＞ 熟手 ＞ 能手 ＞ 专家

带着技能问题去钻研　　助力他人技能成长

二、我是家庭一员

作为家庭成员，我们有责任共建和传承良好的家风，孝敬长辈，主动与家人沟通，参与家庭事务，以及将来承担起赡养父母的责任。

1. 我不仅是子女

子女是我们人生的第一个角色，而父母是我们人生中最初的引路人。在他们的关爱与教导下，我们逐渐成长，开始形成自己的思想和追求。然而，随着独立意识的增强，我们难免会与父母产生分歧，甚至因他们的批评或误解而感到委屈或愤怒。这是每个家庭都会遇到的问题，再正常不过。我们并非完美的子女，父母也并非完美的家长，但正是在这种不完美中，我们学会了互相理解，感受到彼此的付出与爱。感谢父母，用他们全部的心血和包容，陪伴我们走过成长的每一步。

父母的责任是养育我们，而我们的责任是什么呢？在家，要主动做力所能及的事，关心父母的健康；在学校，我们要照顾好自己，养成良好生活习惯，专注学习技能，让父母放心。

在家庭生活中，除了子女这一角色外，你还可能承担其他重要的家庭角色。例如，你可能是兄弟姐妹中的一员。作为长兄长姐，你不仅是弟弟妹妹的榜样，还肩负着照顾和引导他们的责任。与此同时，你还需要与其他家庭成员互帮互助、互相关爱，共同构建和谐的家庭关系，成为彼此坚实的后盾。这些角色不但体现了家庭成员之间的情感纽带，而且要求我们在日常生活中践行责任与担当，为家庭的幸福贡献力量。

2. 我的家，我来担

故事百宝箱

爸爸正在拖地，儿子过来说："爸爸，我已经帮妈妈洗好碗了。"爸爸听到了，马上停下来，很认真地告诉儿子："儿子，谢谢你把碗洗干净。下次你可以说我把家里的碗洗干净了。"爸爸接着又说："爸爸拖地，不会说帮妈妈拖，因为我们都生活在这个家里，每一个碗、每一块地板都是我们家的，所以不要说是在帮妈妈做，我们只是在做自己应该做的事情。"

思考：现在的你可以为家里做什么？

家是共同经营的港湾，不仅父母要付出，子女同样要付出，这就是家庭责任。现在的你可以为家里做些什么？从技工院校学成归来后，根据所学专业的不同，解决家里的电器故障对你来说可能只是小菜一碟，你轻松就能修好；你也可能在厨房里烹调美味佳肴，自信满满地为家人奉上一桌丰盛的饭菜；你还可能为家人设计专属智能家居，让生活更加便捷舒适。你将用自己的技能，为家庭带来实实在在的改变，成为家人眼中的小能手。

三、我是职业人

1. 我能做事

几年后，同学们都将成为职业人。在工作岗位上，用专业技能解决生产问题，完成工作任务，成为一个能做事的职业人。

什么是能做事呢？就是当你接到工作任务后，知道要做什么和怎么做，能够独立完成或与他人合作完成任务，并获得他人信赖。职业人是先主动向他人、团队、社会输出劳动，再获得能力提升、财富积累，实现个人价值。

故事百宝箱

张文的实习岗位是电商直播助理，主要是协助主播准备货品、撰写带货直播文稿、布置直播台等。可是才一个星期，她已经有点坚持不下去了。她向同学吐槽说：“主播就会使唤我，什么都要我去做。在学校多好，老师帮我们选好货品，给我们修改文稿，教我们一步步去做，真怀念啊！现在什么都要自己去沟通，我最怕去协调了。”

请同学们结合下面两幅图，谈谈你对张文经历的看法，并给她提出建议。

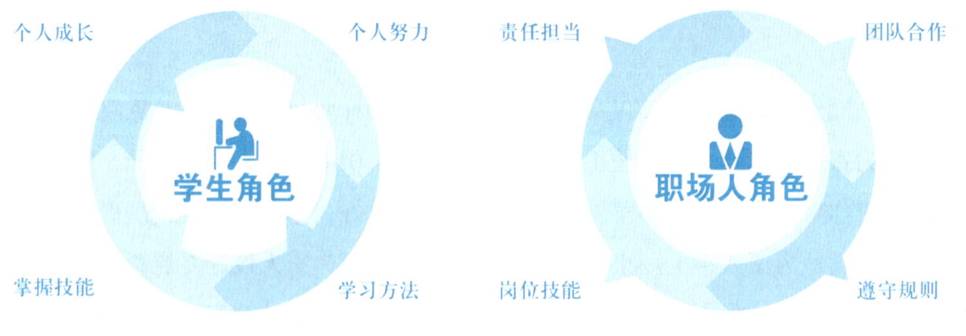

2. 我会做事

能做事和会做事有什么区别呢?

陈风和李扬同时进入车行，都很能干。一年后李扬被提拔为技术部负责人，陈风有了想法:“平时干活都没有我快，他凭什么?”

今天客户很多，李扬主动到工作间帮忙。陈风看见李扬在检修，心想:“都坐办公室了，还过来装样子。”

陈风和李扬要维修的车辆都是发动机出现了故障。陈风是个技术能手，很快排除了故障，把车交还给了客户，客户竖起大拇指:“你真厉害，我刚坐下就修好了。”

看李扬还在检修，陈风得意地想:“我看你有什么厉害的?”

陈风看见李扬先处理发动机故障，启动试车，确保车子正常运行后，又对散热器、蓄电池等部件进行检查，还去车内检查了仪表、制动片等，在检查完四个轮胎后，才把车交给客户，并说明车况，提醒车主定期保养。陈风不屑地想:“照这个速度，我都搞完3辆车了，多此一举。”客户把车开走后，李扬把使用过的工具放回原位，再把地板收拾干净，才回办公室。

陈风看着整洁的工作间，若有所悟，大步向李扬走去……

职业人的价值大小来自解决工作问题能力的高低，这个道理我们都懂，然而，职场压力那么大，怎么才能成为会做事的人呢? 方法很多，但最重要的是保持良好的职场心态。

良好的职场心态是把工作看成一种机会，通过工作，提升专业技能、沟通能力等，并且能把职场失败、冲突、挑战看成自我突破的好机会。主动做事，为自己、为将来、为热爱，才能成为一个有行动力、创造力、会做事的职业人。

在职场中，技工院校学生可以通过明确目标、制订计划来确保工作的顺利推进，避免盲目行动；同时，注重细节、追求质量，用高质量的工作成果赢得他人的信任；此外，锻炼沟通和团队协作能力也很重要，主动与同事、上级或客户交流，确保信息传递准确，并在团队中发挥自己的作用。

四、我是公民

1. 技工院校学生的公民责任

作为技工院校学生，你是未来的能工巧匠，你的双手不仅能创造技术成果，更承载着一份沉甸甸的公民责任。这份责任不是口号，而是融入日常生活的点滴行动。

故事百宝箱

汽修专业学生组成周末服务队，利用周末时间，在社区为居民免费检修自行车、电动车；电子专业的学生组织“家电义诊小队”，为居民维修电饭煲、台灯等小家电……

将课堂所学转化为实际行动，既帮助他人解决生活难题，也提升了自身实践能力，更传递了技术为民的价值观念。

思考：你所在专业，可以为他人提供什么帮助和服务？

技工院校学生学到的技术不仅是谋生的本领，也可以用来帮助他人，用你的专业能力回馈社会，让更多人感受到便利和温暖。同时，你还可以在社交平台上分享正能量的技术案例，用自身的言行传递积极的影响力，成为同龄人眼中的“微光”，也照亮更多人的成长之路。

2. 我正在行动

承担责任要靠具体的实践行动。你扎实学习每一门课程，精进技能，就能成为问题“终结者”和志愿服务者。比如，汽修专业的学生钻研新能源车技术，为邻居检修故障车辆；烹饪专业的学生研究健康膳食搭配，为社区居民设计营养菜单。这些行动虽不惊天动地，却能积少成多。

在具体行动中培养公民责任，这些看似平凡的细节，正是责任感的训练场。做问题发现者而非旁观者：看到公共设施损坏时，不是抱怨没人管，而是拍照反馈给相关部门；发现技术安全隐患时，不是沉默，而是提出改进建议。你的技术眼光，能让社会运转得更顺畅。

故事百宝箱

2009年，女孩杜诚诚左腿病情恶化，不得不接受高位截肢手术。2010年，她主动报名成为盲人电影专场的义务讲解员，用声音帮助视残者“看”电影。10多年来，她义务为盲人讲解了《建党伟业》《湄公河行动》等300多场电影，写下百余万字的解说词，现场受益盲人累计近万人次，网络直播累计观看人数近百万人次。习近平总书记曾俯身和她握手，对她说：“谢谢你。”

杜诚诚讲解一部电影，至少要看20多遍，花1个多月时间来准备。旁人问她为什么要这样付出？杜诚诚说：“因为自己淋过雨，所以更想为别人撑一把伞。”“只有我们每一个人好起来，国家才会更好。”

思考：看完上述事例，你对公民责任有哪些新的体会？

公民责任不是负担，而是一种能力的体现——你有机会用技能让社会更美好。当你修好一盏灯、做好一顿饭、设计好智能家居设备时，这些行动本身就是对公民身份最生动的诠释。真正的技术高手，不仅是机器的驾驭者，更是责任的担当者。

作为技工院校学生，我们不仅要学好专业知识，还要积极参与实践活动，提升自己的技能水平。我们每个人都扮演着不同的角色：作为学生，我们要努力学习；作为家庭成员，我们要承担家务；作为社会成员，我们要积极参与社会服务。我们的角色会不断变化。有些角色可能会逐渐消失，而新的角色会不断出现。我们要勇敢地迎接每一个新角色，因为每一个角色都是我们成长的机会。角色越多，我们的舞台就越大，我们的人生就越丰富多彩。

实践与应用

我来定义自己

请你在学生、家庭成员、职业人和公民前面加上形容词，越多越好。

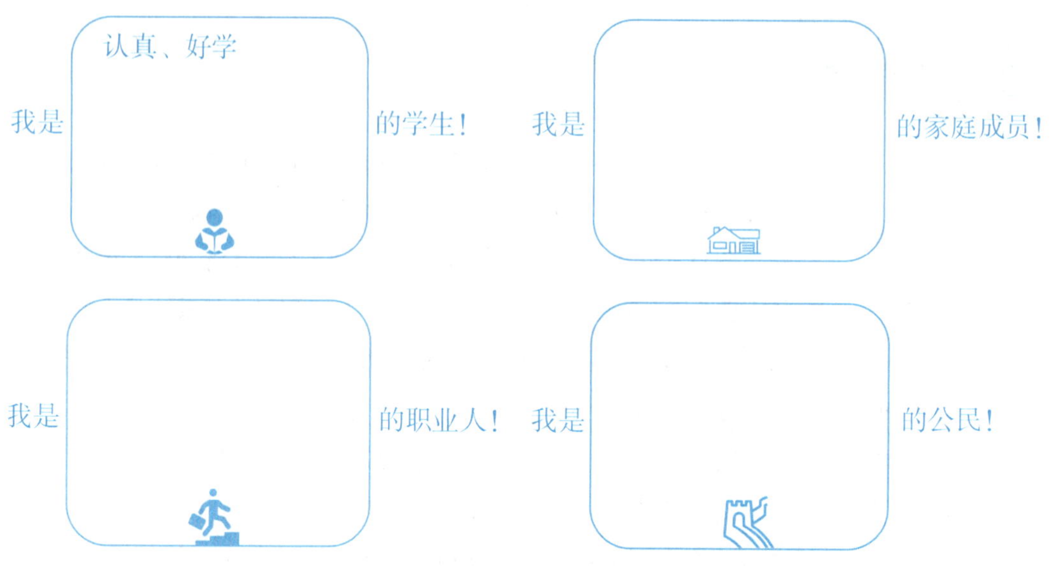

拓展与延伸

乔哈里视窗信息沟通模型是由乔瑟夫·勒夫和哈里·英格拉姆在 20 世纪 50 年代提出来的。该模型将人的内心世界比作一扇窗，分为四个区域：公开区、隐藏区、盲目区和未知区。

乔哈里视窗

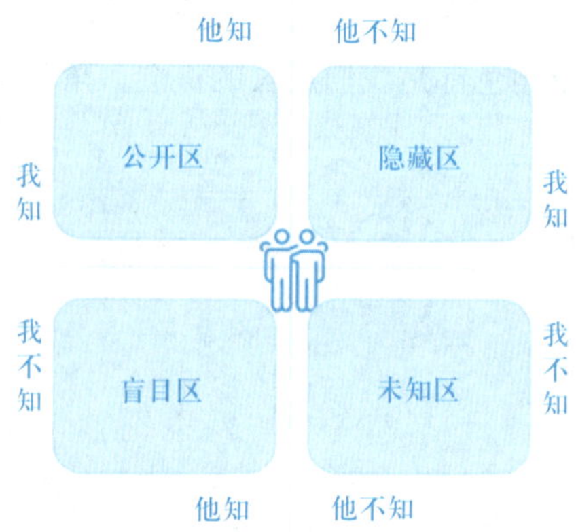

区域名称	定义	特点与建议	案例
公开区	我知道、他人也知道的信息	双方对信息的了解都是清晰的。这是沟通的最佳状态，沟通效率最高。逐步扩大公开区，能更好地促进沟通，帮助达成一致	在团队项目中，成员明确分工和任务目标，每个人都清楚自己的职责和他人的工作内容，沟通顺畅，合作高效
隐藏区	我知道、他人不知道的信息	隐藏区信息是个人不愿意表露或以为别人也知道的信息。隐藏区越大，沟通阻碍越多，需适当开放隐藏区，使沟通顺畅	在团队讨论中，某成员对某个技术问题有解决方案，但认为其他人也知道，因此没有主动介绍，导致问题拖延
盲目区	我不知道，他人知道的信息	沟通中应保持谦逊，知道自己并非全知全能，避免因片面信息造成误解与冲突	某员工在会议上提出一个方案，但未意识到该方案在之前已被尝试并失败，同事知道但未及时提醒他，导致了他的重复劳动
未知区	我不知道，他人也不知道的信息	沟通是无限的，每个人都有未知区。相信自己有未被挖掘的潜能，保持好奇心，不断发展自己	某员工在尝试新工具时，意外发现了一种更高效的工作方法，这种方法之前在团队中无人知晓，通过沟通，该方法最终成为团队新的操作标准

第二课 我的角色管理

学习目标

1. 能用角色定位法明确不同情境下的定位，并通过实例展示角色定位的过程。
2. 能够概括角色要求和责任的定义，并能向他人举例说明。
3. 通过复述个人角色管理中的内容，强化角色管理意识。

知识框架

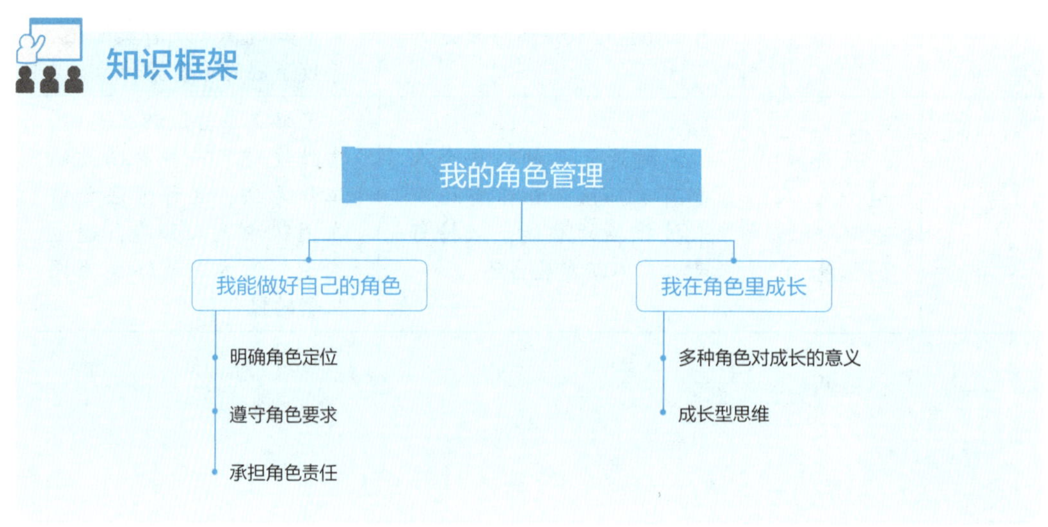

案例启思窗

周宇航活泼开朗，与同学相处融洽，组织能力强，是同学和班主任眼中的好班长。学业上他刻苦钻研，多次参加省市级比赛并获奖，每个学年都被评为“十佳学生”。

因为表现优秀，周宇航被班主任推荐到当地一家知名企业实习。可惜的是，不到一个星期，班主任就接到企业部门负责人的投诉电话：“这位同学以自我为中心，不服从岗位分配和管理，在工作中不肯听从老员工的指导，自视甚高。”

宇航心里很委屈："明明是他们技术不好，还不让我说。老是让我加班，我也很辛苦啊。"

思考：

1. 周宇航为什么会被企业投诉？

2. 你会给他哪些建议？

在社会生活中，我们每个人都会主动或被动地扮演多种角色。这些角色名称各异，要求不同。为了确保每个角色都发挥作用，我们需要对自身的不同角色进行有效管理。

角色管理就是根据特定角色的要求，调整自身行为，承担相应责任，最终实现角色价值的过程。它不仅是个人成长的必修课，更是社会和谐运转的重要基础。通过有效的角色管理，我们能够在多重身份中自由切换，既实现个人价值，又为社会贡献力量。

一、我能做好自己的角色

1. 明确角色定位

角色定位就像指南针，它能为你指明方向，帮助你清晰认识到自己要成为怎样的角色，并展现出独特的角色魅力。为了明确角色定位，我们可以运用"先大后小"的角色定位法。

首先是大角色定位，大角色往往很容易通过所在环境进行辨认和确定。

其次是小角色定位，即在大角色前面增加属于自己的特定词。

趣味体验营

明确角色定位是做好自己角色的第一步，试着运用大小角色定位法填写下面表格。

大角色定位（所处环境）	小角色定位（特定词）
技工院校学生	（智能机器人专业）（优秀）的技工院校学生

角色定位随着时间和阅历发生变化。例如，初入职场时，你的角色定位可能是“学习者”，重点在于掌握基础技能和适应工作环境；积累经验后，你的角色定位可能升级为“问题解决者”，专注于用技术解决复杂问题；成为业务骨干后，你的角色定位可能进一步发展为“引领者”，承担起培养新人、推进工作的职责。因此，根据实际情况调整角色定位，才能高效地创造价值。

2. 遵守角色要求

当你踏入烹饪实训室的那一刻，一系列角色要求便随之而来：穿戴整齐的厨师服，戴好厨师帽，不佩戴任何首饰；保持个人清洁，确保操作环境卫生；严格遵守用火、用刀的安全规范；听从老师的统一安排，确保实训有序进行。或许这些要求一开始会让你感到烦琐，甚至心生抵触，但你必须遵守。因为，这些看似“麻烦”的规定，正是角色要求的具体体现。角色要求是某一特定角色的行为规范，不因个人意愿而改变，是必须遵守的。

故事百宝箱

小南对自己的未来职业角色定位是有创意的服装设计师。自从有了努力方向，学习动力也足了，常常在实训室画图、打版、裁剪、缝制而忘记吃饭。于是，她悄悄带面包和饮料到实训室，吃完后继续练习。老师发现后多次提醒她不能这样做，如果再发现就要按照规定进行处罚了。

小南觉得委屈，认真学习不仅没有得到表扬，还被批评，再说自己都是在角落的桌子上吃，吃完后也收拾干净，不会对设备造成影响，为什么不可以带食物进实训室？

思考：我们要遵守实训室不能带食物的规定吗？角色要求对我们是一种束缚还是帮助？

如果没有角色要求，我们能否有效地履行角色职责、实现角色价值？答案应该是否定的。“没有规矩，不成方圆。”每一种角色都不只是个体的行为，而是涉及一个班级、一个学校，甚至整个社会的共同协作。因此，我们需要确立能够最大化角色价值的行为规范，并共同遵守、互相协作，以此促进彼此的发展。

角色要求不是限制，而是实现共同发展的基石。无论我们是何种角色，都需要以积极的态度接受角色差异，严格遵守角色要求，在职责范围内实现价值。只有这样，我们才能在个人成长与社会进步之间找到平衡，最终达到共同发展的目标。

3. 承担角色责任

公民遵守法律、父母教育子女、学生完成学业、职业人履行工作职责，这些都是承担角色责任的具体表现。就角色任务完成情况而言，承担角色责任包括两个方面：一是承担完成角色任务的责任，二是承担未完成角色任务的后果。

（1）承担完成角色任务的责任

角色任务是指在特定时间内，将角色分内的事情做完并做好。它是伴随角色自然生成的，不会因个人需求而更改或消失。如会计需按时完成财务报表，销售员需按量完成销售任务，技术人员需解决设备故障、优化工艺流程等。在工作岗位中，你是某项具体工作的担当者，也是企业的一分子。如你在技术部门，主要负责技术相关工作，但同时你也是企业的一员，还会承担企业其他方面的任务。

故事百宝箱

小李是车间的产品质量检测员，主要负责对产品进行最终检测，确保产品质量。有一天下班，主任告诉他：“明天有个合作企业要过来了解部门情况，晚上你准备一下相关材料，明天你来汇报。”小李很疑惑：“我明明做的是检测产品质量的工作，为什么还要去做汇报？”

思考：你觉得主任安排的事情是小李的角色责任吗？如果你是小李，会怎么做？

完成角色任务，不仅需要个人的努力，更离不开团队的协作。在分工日益精细的现代社会中，团队意识与协作能力已成为个人职业发展的核心竞争力。只有将个人努力与团队合作相结合，我们才能更高效地完成角色任务，实现个人与团队的共同发展。

（2）承担未完成角色任务的后果

完成角色任务是指按时、按量完成。如学生要按规定完成学业并达标，如果没有达标，就要承担不能毕业的后果；职场人要按工作计划完成任务，到期未能完成，要承担被处罚的后果。在角色任务中，敷衍了事，虽然做完了，但是没有做好的，就需要承担后果。

我们作为技工院校学生，主要任务是学习知识与技能，如只满足于及格，不主动追求精湛的技艺，则要承担技能水平低、就业选择余地小的结果。在职场中，把任务完成标准定得太低，只求完成，是难以有更广阔发展空间的，并且要承担被淘汰的风险。事实上，职业发展是一个精益求精的过程，不仅要做完，还要做好，甚至做到更好，才能获得更多的选择权，实现更大的价值。

勇于承担责任是成熟的重要标志。尤其是在结果不尽如人意时，我们要学会控制情绪，避免气馁和抱怨。首先，主动承担后果，展现担当；其次，冷静分析问题，思考哪些地方需要调整，哪些地方可以做得更好。将注意力集中在解决问题和提升能力上，及时修正错误，减少损失，并避免类似问题再次发生。这才是承担角色责任的真正意义，也是个人成长的必经之路。

故事百宝箱

港珠澳大桥按照世界最高标准建造，被誉为超级工程。管延安就是这项工程中的一名钳工。5 年间，他为港珠澳大桥沉管隧道拧了 62 万多颗螺钉。

管延安 18 岁跟着师傅学习钳工技术。在一次故障检修中，他没有进行最后检查就结束了工作，导致发电机被烧坏，差点造成严重事故。他羞愧难当，为了避免再次发生这样的事故，从此在维修机器后，他都至少要检查三遍。在港珠澳大桥的建设中，他和同事们日夜奋战，一遍又一遍地调试，圆满实现了大桥海底隧道的“深海初吻”。

他高度负责的态度和精益求精的精神，让他的安装操作达到了“零缝隙”，他也被评为中国“最美职工”。

思考：你从管延安的事迹中得到了哪些启示？

人的一生会扮演多种角色，清晰把握每种角色的行为要求并非易事。然而，通过明确角色定位、遵守角色要求、承担角色责任，并调整好心态，我们才能够实现角色的适时转换，以充分的准备迎接每一种角色。

二、我在角色里成长

1. 角色越多，舞台越大

请算算现在你身上有多少种角色？每一种角色都有各自的特点、要求和责任，你能驾驭吗？会不会角色越多，就越混乱？我们暂且不急着回答，先来看看多种角色可以给我们的成长带来哪些益处。

角色越多，能力越强。不同的角色促使我们不断学习新技能，锻炼出多种能力。在同一个教室里，你不仅是学生，还可能是班干部，这让你提升了组织和沟通能力；如果你还参加了主持人社团，你的语言表达能力也会得到显著提高。每一种角色都有成长的机会，可使我们在多重身份中不断突破自我，积累更多经验。

角色越多，适应力越好。多种角色能够显著提升我们的社会适应能力。当我们主动拥抱多样角色时，便能在不同环境中切换自如，并做出符合角色要求的行为。这种灵活切换角色身份的能力不仅帮助我们更好地适应变化的社会环境，还能让我们在不同场合中展现风采，成为更具魅力的个体。

角色越多，机会越多。每一种角色都对应着独特的社交圈。扮演多种角色能够让我们接触到不同背景、职业、性格的同伴，从而拓展生活和工作的圈子。例如，作为学生，你可以与同学共同学习；作为社团成员，你可以结识志同道合的朋友；作为实习生，你可以向行业前辈学习。这些多元的社交网络为我们创造了更多的发展机会，助力个人成长与职业进步。

角色越多，价值越高。多种角色不仅丰富了我们的人生体验，还让我们在不同角色下有了不同的责任与使命。作为学生，我们通过学习为社会储备技能人才力量；作为职业人，我们通过工作为社会创造经济价值；作为公民，我们通过参与公益活动为社会贡献温暖。这些角色的叠加，让我们能够以多样化的方式创造社会价值。

2. 我会更好

在心理学中，“自证预言”是一种重要的现象。简单来说，是你相信什么，就会得到什么：如果你相信一切都很困难，生活中就会感到处处艰难；如果你相信一切都是可以解决的，就会充满力量，积极面对挑战。因此，为了创造更美好的未来，我们要深信我会更好。这种积极的信念能够激发我们的潜能，帮助我们克服困难，实现目标。

为了让“我会更好”从信念变为现实，我们需要培养成长型思维。成长型思维是一种“我有可能做到”的思维模式。它强调通过努力和学习，我们可以不断提升自己的能力；能将困难视为成长的机会，而非不可逾越的障碍；能从失败中汲取经验，将其转化为进步的动力。

成长型思维为我们提供了从信念到现实的行动路径。通过培养成长型思维，我们不仅能将“我会更好”的信念付诸行动，还能在不断的挑战与突破中成为更优秀的自己。

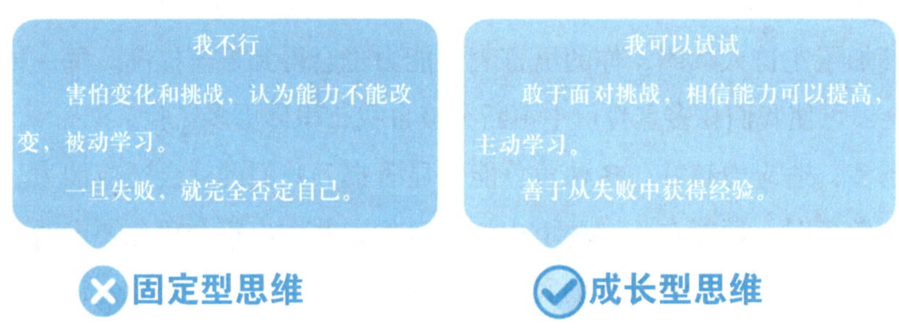

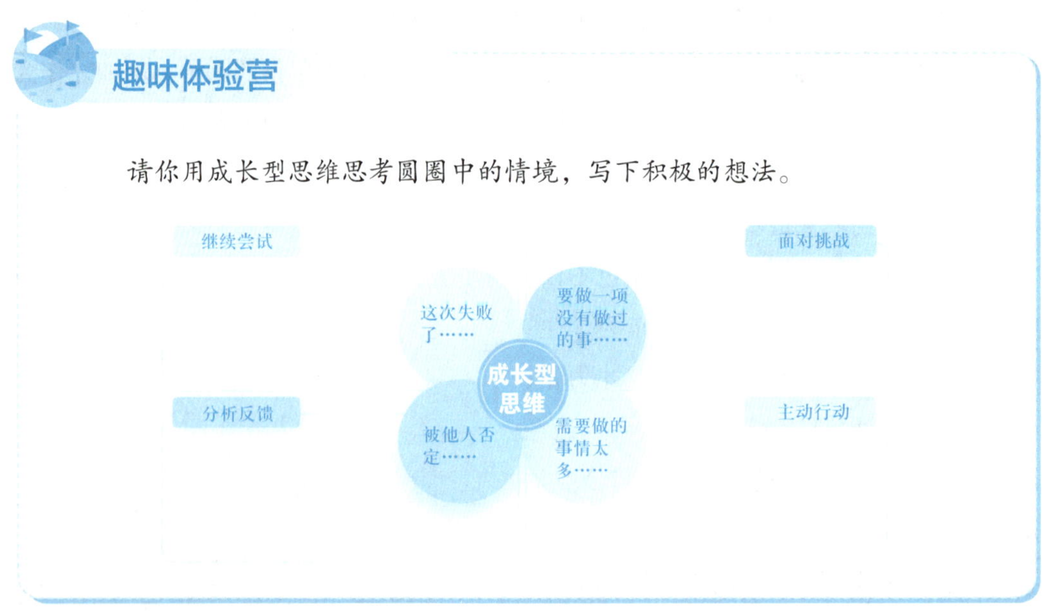

我们都会长大，但未必都懂得成长。因为成长并非被动接受，而是需要主动在各种角色中尝试、理解与行动。今天，我们以一名技工院校学生为起点，主动拥抱角色、管理角色、发展角色，在不断历练与突破中成为更好的自己。

实践与应用

现实生活中，每个人都有多种角色。请选择你感兴趣的人进行采访，并完成下面表格。

姓名		性别		年龄	
受访者的多种角色	角色的主要职责是什么？		受访者是如何做好该角色的？		
我的收获和思考					

拓展与延伸

如何做好每一个角色，下面的黄金圈思维模型可以给你启发。

黄金圈法则是一种思考模型，核心是用“为什么→怎么做→做什么”三个问题，帮助个人或组织清晰表达理念、促成行动。黄金圈法则可以用三个圆圈来表达：

最内圈：为什么—— 你的核心目的或信念。

中间圈：怎么做——实现目标的方法。

最外圈：做什么——具体的产品、服务或行动。

请看示例：

问题	作为技工院校学生，我对学习的思考
为什么	技工院校有很多专业可以选择，我想学一门手艺，通过学习技术成长成才，并成就精彩人生
怎么做	通过系统学习理论课程与实训课程、积极参与技能竞赛、按时获取职业资格证书，全面提升个人能力
做什么	我将制订学习计划，合理分配时间学习各门课程，注重理论与实践相结合。积极参与实训，将知识转化为技能，并通过实践加强对知识的理解。同时，我会关注行业动态，了解技术发展趋势，为技能竞赛做准备。为获得职业资格，我会认真备考，确保应试和实战能力

黄金圈法则能够帮助我们获得更清晰、更深层次的认识。

借助黄金圈思维模型，你将成为一个有故事、有目标的成长者。

由内向外的思维方式，能够精准、有效地定位问题核心，帮助我们树立目标、增强使命感，从而提升内驱力，优化行动路径。这种思维方式不仅让我们更清晰地理解“为什么”，还能为“怎么做”和“做什么”提供强大的内在动力，最终高效地解决问题并实现目标。

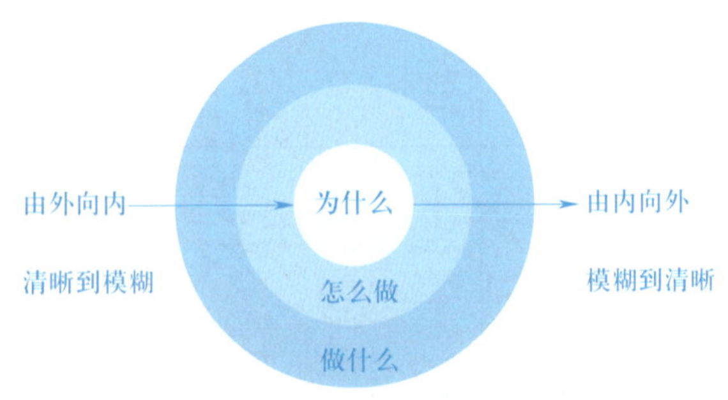

我和角色

一、活动目标

1. 能结合角色管理步骤进行角色呈现。

2. 能根据场景管理角色，调整角色行为。

3. 通过探究活动，能发现自身优势和短板。

二、活动场景

场景一：

精益财务公司以严谨、专业在行业中赢得了很好的口碑。有一天，一位手持拐杖的老人家怒气冲冲地出现在公司门口，声称他的财务表有严重的漏洞，损害了他的利益，要讨个说法。你是这位老人的财务管理员，你认为自己工作认真，每张财务表都会反复审核，还因为工作突出被评为优秀员工，所以不可能是自己的错。但是老人已经将这件事投诉到部门经理那里，你该怎么做?

场景二：

远东汽修厂刚开业 3 个月就接到一个大项目。该项目一共涉及 150 辆车，甲方要求在一个月内完成对全部车辆的保养。厂里很重视，要求全力做好这个项目，向市场展示企业的实力。

你是保养组组长，组里只有 6 名员工，为了顺利完成这项工作，你需要马上召开一个紧急会议，商量对策。

场景三：

飞达服装贸易公司是当地服装市场的风向标。早上 7:30，你接到主管电话，被告知 8:30 要安排一个中英双语的远程会议。9:30 要召开当季服装流行色趋势研讨会，参会人员有 48 人，你需要做好相关准备。11:00 你还要参加公司内部的总结会，会议重要，不能请假。

你是一名秘书，日常工作包括安排公司的各类会议等，但是你刚好身体不适，你会怎么做?

三、活动准备

1. 划分三个小组，选出组长。

2. 桌椅摆放成半圆形。

3. 每组派两名同学组成评审团，对三组表现进行评价。

四、活动步骤

1. 各小组长抽签选取场景。

2. 小组长组织小组成员对场景进行分析讨论，确定扮演各角色的人员和脚本。

3. 各小组展示。

4. 评审团点评。

5. 各小组根据表演和评审意见进行总结。

五、活动评价

小组评价：各小组互相点评活动表现，并提出改进建议。

教师评价：教师对各小组的表现进行点评，评选出最佳小组。

六、活动总结

问题	总结内容
1. 我在场景中是什么角色？	
2. 这次扮演，我最大的感受是什么？	
3. 我最欣赏角色扮演中的哪位同学？	
4. 我觉得自己哪个方面最需要改进？	
5. 我是否清晰地了解管理角色的步骤？	
6. 我是否了解自己的优势和短板？	

第二单元

时间与计划

盛年不重来，一日难再晨。及时当勉励，岁月不待人。

——陶渊明

如果每天都有 86 400 元汇入你的银行户头，而你必须当天花光，否则全部清零，那你会怎样花呢？

有人或许会质疑：“哪有这样的好事？”

其实，你真的有这样一个账户，那就是“时间”。每天你都会有 86 400 秒进账。你计划怎样用好每一秒来投资人生呢？

第一课　走近时间管理

学习目标

1. 理解时间和时间管理的概念，并能够举例说明时间的四个特性以及时间管理的必要性。

2. 能够联系自身实际情况，识别自己在时间管理上的障碍，并针对每项障碍，提出至少一种切实可行的解决方法。

3. 能够按照时间管理三步骤，列出短期任务清单，运用四象限排序法和二八法则，制定完成重要任务的安排表，并根据实施情况提出优化措施。

4. 通过体验和实践活动，意识到时间的宝贵，珍惜时间，养成科学管理时间的习惯。

知识框架

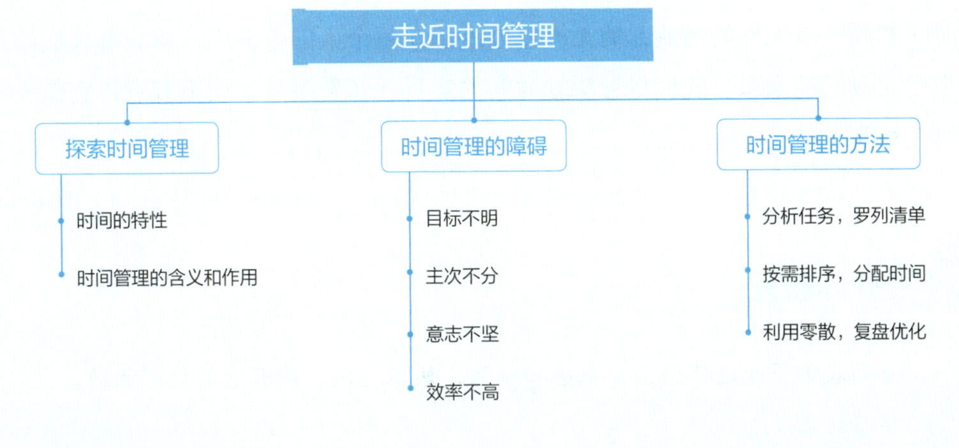

案例启思窗

张义和刘浩是同班同学，都是机电一体化专业的学生。

张义热衷阅读、摄影和篮球，参加了多个学生社团。除正常上课外，他将全部课余时间投入社团活动，并积极参与各类活动策划。刘浩性格较为内向，不喜欢喧闹的环境，因此在课余时间他常常独自一人玩手机。

面对即将到来的高级电工技能等级考试，两人都犯了愁。

张义苦恼道："几乎每天都要参与社团活动，完成作业后，实在没有时间复习考试内容。"

刘浩疑惑道："我并未参加任何活动，但为何仍觉得时间不够？下课后玩会手机，复习会功课，一天就结束了。"

思考：

1. 张义和刘浩的时间去哪了？

2. 如果你是张义或刘浩，会怎么解决时间不够用的问题？

一、探索时间管理

1. 揭秘时间特性

时间如同一条无形的河流，悄无声息地流淌在每个人的生命中，承载着我们的过去，也通向我们的未来。我们尽管深知时间的宝贵，却看不见、摸不着它，它是一种独特而神秘的存在。

趣味体验营

下面我们将通过体验活动来感知时间，认识时间，揭开它的神秘面纱。

体验活动1：

请你启动手机秒表计时功能，闭眼静心估算时间长度。当主观判断达到一分钟时，你立即睁眼并终止计时。

此时你的秒表读数是________秒，与一分钟差________秒。

体验活动 2：

全班分为若干小组，每组需完成单手传递篮球活动。要求：传递过程中必须采用单手传接球动作；若篮球在传递过程中掉落，该组需重新开始传递。

一分钟时间，你们组一共________人次完成了传递。

讨论：

1. 以上两个活动，你感觉哪个时间过得快？

2. 结合活动体验，请你说说时间有哪些特性？

时间虽是一个抽象的概念，但我们能在日常生活中感受到时间的存在，四季更替，花开花谢，流水潺潺，都能让我们体会到时间的流逝。

通过上述趣味体验活动，同学们能够深刻地感受到，时间是公平的，同时也是有限的，它不可逆转，且无法储存。因此，我们需要科学规划时间。

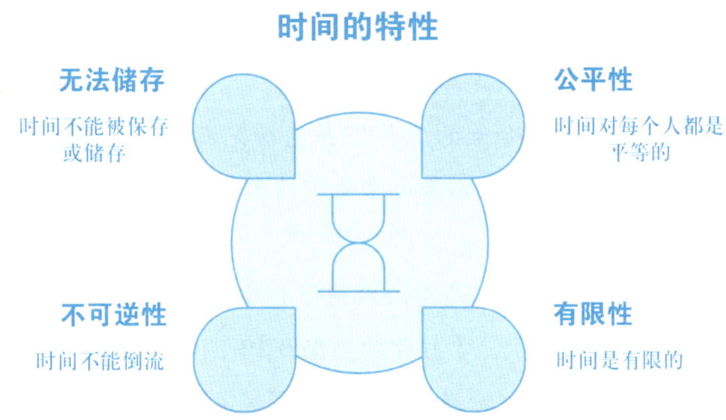

（1）时间是公平的

时间对每个人都一视同仁，不论贫富贵贱，每天每个人都拥有 24 个小时。时间是最公平的裁判，你的每一次努力，都会在未来的某一天，以某种方式回馈给你。

（2）时间是有限的

每个人的时间都是有限的。你若挥霍它，虚度光阴，时间会让你在生命的尽头空留遗憾；你若珍惜它，勤勉奋斗，时间就会化作你成长的阶梯，助你攀登人生的高峰。希望你在有限的时间里，活出无限的精彩。

（3）时间是不可逆的

时间是不可逆的，正如覆水难收，破镜难圆。我们永远无法回到过去，这种不可逆性促使人们活在当下，珍惜眼前。与其为过往遗憾，不如将精力倾注于当下的耕耘，把握好此时此刻，将现在雕刻成为未来的美好回忆。

（4）时间是无法储存的

一寸光阴一寸金，寸金难买寸光阴。时间宛如无价之宝，却无法像珍宝那样被储藏，一旦流逝，就会永远消失。我们无法将今天的多余时间存入“时间银行”，在需要时再取出来使用，这就要求我们科学利用和管理时间，不负韶华。

2. 初探时间管理

在时间的长河中，每个人都是航行者，而时间管理则是我们掌舵的技能。时间管理指的是对时间进行合理规划和控制，有效安排并运用，以提高时间的利用效率。时间管理能让我们在同样的时间内，完成更多的事情或把事情做得更好；也能让我们在做同样的事情时，花费更少的时间。

故事百宝箱

公司秘书张明和李华今天的工作任务包括完成项目 PPT、开会讨论提案、复印和整理资料等。让我们来看看他们的工作方式，并思考我们能从中获得什么启示。

张明一早便来到公司，先是悠闲地泡了杯咖啡。等同事们陆续到来后，他又与大家闲聊了好一阵子，才打开计算机做 PPT。然而，还没等他理出头绪，同事就通知他要开会讨论提案。张明看了看时间，才 9:30，觉得还早，于是便先去整理材料参加会议。可会议结束时，已经到了午休时间。

下午上班后，张明再次准备做 PPT，这时他才猛然想起还有资料没有复印。他匆匆忙忙地整理完资料，时间已经是下午 5:00。张明无奈地叹了口气：“看来今天又得加班了，买好的电影票又得浪费了。”

相比之下，李华 8:00 准时到达公司。一到公司，他便立刻开始梳理 PPT 的内容，并选好了模板。一个半小时后，PPT 的大框架已基本完成。接着，他便与同事一起讨论提案。

下午上班后，李华首先把资料整理分类并复印好，然后交到领导办公室。下午 4:00，他开始对 PPT 进行修改和完善，到 5:00 时，PPT 已完成并交稿。他还利用剩下的时间，对第二天的工作任务进行了准备。

李华满意地说："这下可以安心地看今晚 7:00 的电影了。"

从张明和李华的故事中，我们可以看到，工作任务未能按时完成，有时并非能力不足或时间紧张，而是因为我们未掌握科学有效的时间管理方法。盲目加班不是企业所提倡的，领导更期望员工能在规定的工作时间内高效完成任务。

在学校里，你希望遨游于知识海洋，参与多姿多彩的社团活动，享受丰富充实的课余生活，同时也不愿错过与亲朋好友的欢聚时刻，以及身心放松的娱乐活动……这一切宛如五彩斑斓的拼图，每一块的拼凑都需要你投入时间与精力。此时，时间管理的重要性便突显出来，它帮助你在纷繁复杂中寻找平衡，使每一块拼图都能精准地嵌入，共同绘就一幅属于自己的精彩画卷。

掌握时间管理，首先有助于日常活动的科学规划，从而提高效率。它能确保学习和生活井然有序，避免临时抱佛脚，保证你学习技能时稳扎稳打。

其次，时间管理有助于减少拖延和焦虑。在充满竞争的社会生活中，就算面对繁重且有挑战性的任务，只要我们安排妥当，就能高效有序地开展工作，避免因为任务安排混乱而导致时间浪费和情绪焦虑。通过时间管理，我们可以更好地掌控自己，减少不必要的压力。

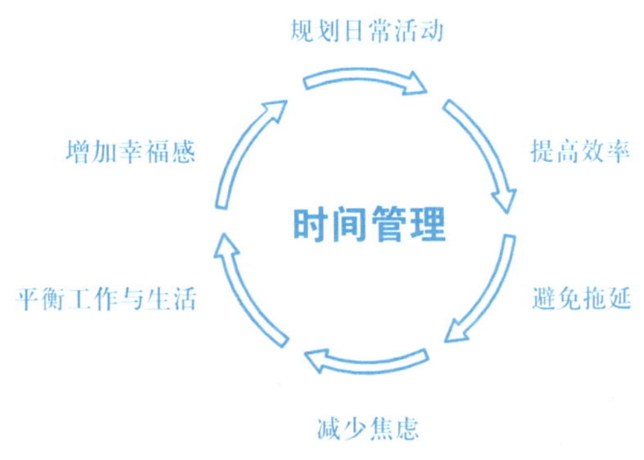

同时，时间管理也有助于平衡工作与生活，避免因过度投入工作而忽视生活和健康。我们无法控制生命的长度，但能够丰富它的宽度与厚度。在人生旅途中，我们既要奋力逐梦，也要好好欣赏沿途美景。

通过合理的时间规划，可以更好地安排工作与生活，使两者兼顾，从而获得更高的生活质量、更健康的体魄以及更多的幸福感。

说一说

在你身边，谁最善于管理时间？请举例说明。

二、时间管理的障碍

能力小检测

你是否善于管理时间呢？请用回答“是”或“不是”的方式来测试一下吧。

1. 你是否无法坚持学习 1 个小时？（　　）
2. 你是否会经常忘记一些重要的事？（　　）
3. 你在做重要的事时是否容易被打断？（　　）
4. 你是否经常把事情拖到临近截止时间才去做？（　　）
5. 你是否会经常为自己拖延找借口？（　　）
6. 你是否会经常抄袭别人的作业？（　　）
7. 学习时，你是否会忍不住玩手机游戏？（　　）
8. 你是否会因忙于琐碎之事而放弃去做计划中重要的事？（　　）
9. 事情多时，你是否会不知所措？（　　）
10. 你是否觉得玩手机浪费了你大量时间？（　　）

测试结果：

0 ~ 3 个“是”⇨恭喜！请坚持优势并完善时间管理方法。

4 ~ 7 个“是”⇨当心！你需要重新审视你的时间安排。

8 ~ 10 个“是”⇨救命！你必须在时间管理上努力改进。

无论什么人，一天都只拥有 24 个小时，但为何每个人的成就却各不相同呢？有些人似乎轻而易举地就能处理完大小事务，有些人则像蜜蜂一样忙碌不停，事情总也忙不完。到底是什么阻碍了我们高效地学习和工作？我们又该如何应对呢？

在我们的日常学习和工作中，经常会遇到一些时间管理上的绊脚石，即时间管理障碍。它们主要可以概括为四大类：目标不明、主次不分、意志不坚和效率不高。

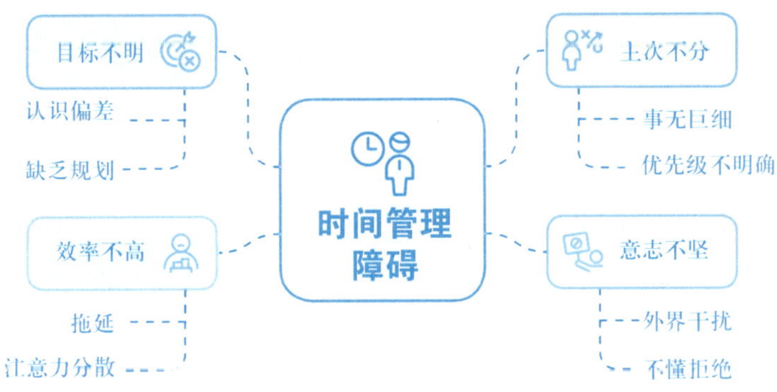

1. 目标不明

在时间管理中，目标不明确是一种常见的障碍。没有目标和方向，做起事来就会无从下手。这种茫然无绪的状态使人们难以集中精力，无法有效地安排时间，也无法准确地评估和调整自己的进度。

导致目标不明的原因可能有很多，比如对自身能力认识有偏差、缺乏规划等。同学们可以试着列个清单，把近期要做和想做的事情全部罗列出来，以帮助自己明确目标。

2. 主次不分

很多人习惯性地认为每一件事情都很重要，都需要完成。他们事无巨细地处理每一件事情，翻阅资料、打电话求证、反复研究对比，但实际上，有些事情对当下的任务、人际关系乃至长远的学习和工作都是无关紧要的，不值得花费过多时间去处理。

人的精力和能力都是有限的，如何能做到有的放矢、主次分明呢？在列出清单并明确目标之后，应从中挑出最重要且必须今天完成的几件事情，计算需花费的时间，然后尽全力在规定时间内把这些事情做完，之后再考虑做其他事情。

3. 意志不坚

同学们每天可能会面对不少来自外界的干扰或诱惑，比如广告电话、朋友邀约、同学闲聊、室友求助。

说一说

影响你完成目标的干扰因素有哪些？

如果这些事情严重影响了你的学习和生活秩序，你就必须学会拒绝，排除干扰。拒绝时，要掌握好技巧，可以直接陈述拒绝的客观理由，比如时间不允许、状态不佳、客观条件受限等，同时提出一些可以帮助对方的解决办法，也希望对方能够理解自己的难处。特别是在处理重要事情或危险性事务的时候，一心一意才是最重要的，这样才能更好地管理自己的时间并确保人身安全。

4. 效率不高

当工作效率低下时，宝贵的时间就会在不经意间流逝，导致任务堆积、压力增大，甚至影响整体工作进度。为了提高效率，首先需要识别并克服那些导致拖延和分散注意力的因素，比如不合理的工作流程等。

可以尝试以下方法：首先，设定明确的工作界限，合理规划时间，利用计时法等来确保工作时间内专注任务，减少不必要的中断和干扰；其次，优化工作流程，识别并剔除烦琐低效的步骤，同时培养良好的学习和工作习惯，确保工作有条不紊地进行；最后，保持学习和工作环境的整洁与舒适，并适时休息以恢复精力。通过这些策略，我们可以逐步克服效率不高的障碍，更好地管理时间。

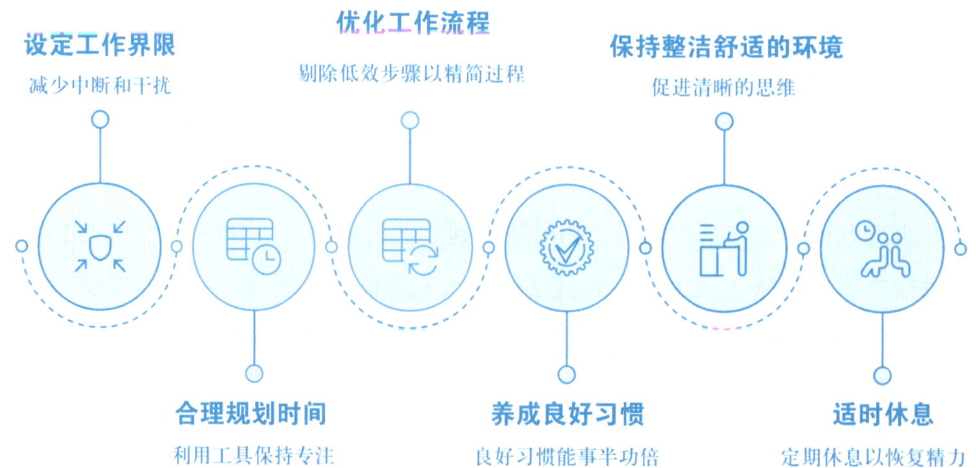

趣味体验营

拖延是指以推迟的方式逃避执行任务或做决定的一种心理特质或行为倾向。拖延不是天生的，而拖延现象一直得不到纠正，就容易形成不良习惯。

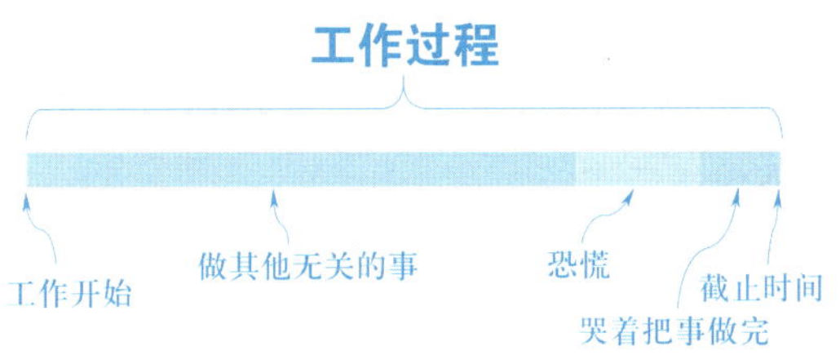

制作关于"拖延症"的思维导图：

列举你在学习或生活中常见的拖延行为，分析其中的原因及后果。制作成思维导图，形式不限。可参考下图：

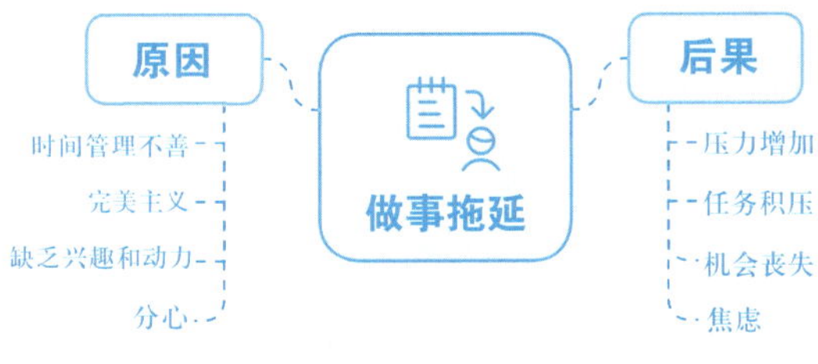

三、时间管理的方法

故事百宝箱

在一次时间管理课上，老师在一个透明的塑料大罐子里装满了鹅卵石。老师问学生："罐子装满了吗？"

所有学生都异口同声地回答："满了。"

"真的吗？"老师笑着问。接着，他又把一袋碎石子倒进罐子里，边倒边摇，直到罐子不能再装入碎石子。他再次问："现在装满了吗？"

几个学生看出了名堂："也许还没有满？"

"很好！"老师说完后，又拿出一袋沙子，缓缓倒入罐子，倒完后又问："现在你们说，罐子装满了吗？"

"没有满！"全班同学这次都学聪明了，大家信心满满地回答。

"好极了！"老师再次称赞了他们。

接着，他从桌子底下拿出一大瓶水，将水缓缓倒进看起来已经被鹅卵石、碎石和沙子填满的罐子里。

最后，老师认真地问同学们："我们从这个过程中学到了什么？"

思考：

1. 如果罐子的内部空间代表所能利用的全部时间，那么鹅卵石和沙子分别代表什么？

2. 如果先放沙子后放鹅卵石，会怎样？这说明了什么道理？

我们可以将时间管理步骤归结如下：

1. 分析任务，罗列清单

时间管理应从分析自己承担的全部任务开始，这是时间管理的第一步，也是基础。根据自身情况，请你尝试填写下表。

姓名：________ 年龄：________ 日期： 年 月 日

做什么	时间段	做什么	时间段

通过分析并诊断时间使用情况，我们可以将精力最为充沛的时段分配给最重要的工作。避免不经意间把原本可以高效利用的时间段切割成零散且低效的片段。

当同时需要处理多项任务或事情时，你可以先列清单，再安排时间。单纯依靠大脑记忆，不仅会遗忘，还容易产生压力，导致无法轻松工作。

便利贴、笔记本、计算机、手机备忘录等都是记录待办事项的工具，它们各有优缺点，大家可以根据自己的使用习惯来选择。

说一说

你还有哪些常用的清单工具？

知识加油站

便利贴时间管理法

便利贴是我们在学习和生活中常见的一种标签式提醒工具，它能够帮助我们规划时间。将写好的便利贴贴在显眼的位置，能时刻提醒我们更有效地分配时间。

例：小周将自己的复习时间安排表写在便利贴上，并贴在课桌上和床头边，以便随时提醒自己。

另外，对于一些细小的琐事，一般不需要列入任务清单，以免增加负担和实施难度。这些琐碎工作，建议尽量随手解决，以避免它们积累起来造成不必要的麻烦。比如，当你在查看手机时，客户发来简单的咨询信息，如果你能够用一两句话回复，则应当立即回复。不要积压在后面，否则心里会一直惦记着这些小事，等到需要处理时，又需重新打开手机重复阅读信息，这样无形中会造成时间和精力的浪费。而且，小事情堆积的时间长了，有时候会变成大事情，带来更大的处理难度。

2. 按需排序，分配时间

任务清单拟好后，如果发现杂事太多，难分主次，可根据你的实际需要采用四象限排序法来区分任务的优先级。

四象限排序法，又称优先排序法，是时间管理中的一个重要方法。它依据事务的重要性和紧急程度，将其划分为四个类别（见下图）。

处理这四类事务的口诀：先做重要且紧急的，早做重要而不紧急的，少做不重要但紧急的，最后做既不重要也不紧急的。

对于重要且紧急的事务，需立即腾出时间优先处理。这类事务最好亲自上手，即刻解决。

对于重要但不紧急的事务，如职业规划、考取职业资格证书等，我们往往容易忽视或拖延。然而，这类事务虽然当前不急迫，但未来可能会变得至关重要，因此，我们应有计划、有步骤地尽早安排，尽可能多地挤出时间，制定详细可行的时间规划，并设定明确的完成日期。

想一想

有哪些原本重要但不紧急的事情，后来会变得重要且紧急呢？

对于不重要但紧急的事务，应尽量减少时间投入。若存在责任方，可考虑委托其处理。

对于既不重要也不紧急的事务，则应尽量避免投入时间。

二八法则，也被称为帕累托法则，在时间管理中同样是一种极其有效的时间分配策略。该法则阐明，多数情况下，80% 的成效往往源自 20% 的工作。这意味着，我们可以在四象限排序法的基础之上，识别出那些有最大效益或价值的核心任务，并将大部分时间和精力投入这些任务。

小张是一名销售人员，面对手头来自五个不同公司的任务项目书，他注意到，其中一家公司的订单量远超其他公司。他决定运用二八法则来分配时间和精力，在主攻这家大客户的同时，也确保其他公司的需求得到及时响应。例如，他会利用每天上午的黄金时段来处理大客户的重要事务，而下午则分配时间给其他公司，跟进项目进度，保持沟通顺畅。小张的这种做法不仅使他能够高质量地完成大客户的任务，还赢得了其他客户的信任和好评。

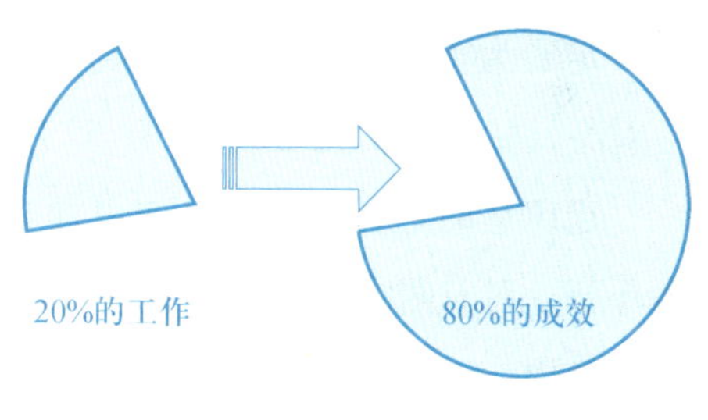

3. 利用零散，复盘优化

在实施时间管理计划的过程中，各任务间往往还有许多零散时间，如等待反馈的时间、课间时间等。我们可以充分利用这些日常生活中的零散时间，来做一些仅需零碎时间即可完成的事情。比如：

上下学时间。在技工院校中，一部分走读学生花费在上下学路上的时间较多。如何解决上下学途中的时间浪费问题呢？他们可以在乘坐公交车或地铁时，刷刷技能考试题库，背背外语单词，或看看时事新闻等。

等待时间。我们可以随身携带一本轻便的书，在等人、等车、餐厅等餐时阅读，以开阔视野。

闲聊时光。在学校里，和室友日常聊天以联络感情是必不可少的。但是，你有没有想过，你其实可以一边和同学闲聊，一边洗衣服、擦桌子、整理杂物？这些生活琐事在愉快的闲聊中就完成了，一举两得。

写一写

大家分享一下，还有哪些零散时间可供充分利用呢？请写在横线上。

____

如果想提高时间利用率，我们可以对时间耗用进行统筹规划。你可以合理安排任务步骤，以提高效率，从而减少时间浪费。此外，你还可以尝试多任务并行的方式，比如一边跑步一边听新闻广播，或者一边洗澡一边浸泡衣服。

为了使时间得到有效整合，确保重要的事情能够按时完成，并持续提升效率，我们一定要为重要的事情设定明确的完成时限，且设置的这一时限需适当提前，以便为应对突发状况预留充足的时间。这是确保时间管理得以长期有效执行的关键所在。

建议适时进行复盘，具体可通过回顾目标、评估结果、分析原因及总结经验这四个环节，对时间的安排与实施进行必要的优化。

每周应至少一次对上周时间计划的执行效果进行评估与调整，以期达到更佳的时间管理状态。

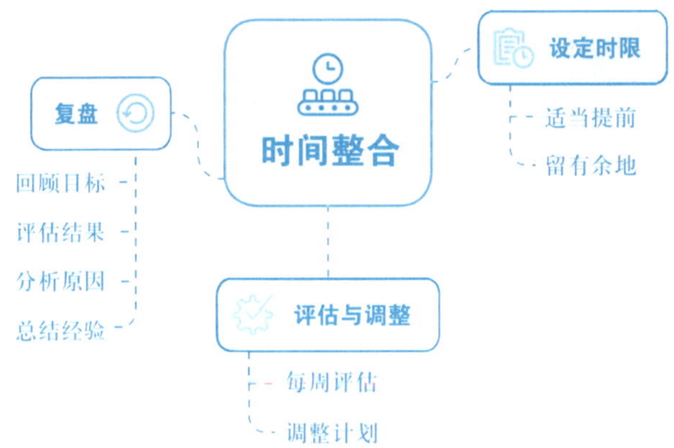

实践与应用

假如现在是周一的晚上，接下来是后面六天你要做的事情：

（　　）1. 你从昨天早晨开始牙痛，需尽快就医。

(　　) 2. 周三 14:00—17:00 有面试。
(　　) 3. 明晚 19:00—20:00 有喜爱的电视节目。
(　　) 4. 游戏好友发起临时组队邀请。
(　　) 5. 宿舍漏水需紧急抢修。
(　　) 6. 图书馆借阅的书周五到期需归还。
(　　) 7. 明天 14:00—16:00 要参加班干部会议。
(　　) 8. 抢到的限时优惠券下周失效。
(　　) 9. 班主任要求尽快面谈。
(　　) 10. 负责的社团活动周四 17:00—18:00 要召开会议。
(　　) 11. 周五晚有场不太感兴趣的演唱会。
(　　) 12. 周四 9:00—11:00 要参加重要讲座。
(　　) 13. 临时接到通知明天上午进行小组课堂展示。
(　　) 14. 快递柜发出超期提醒（快递是日用品）。
(　　) 15. 周六下午要提交校刊稿件（共需 6 个小时业余时间才能完成）。
(　　) 16. 周日要参加职业技能考试，考前每晚需预留 1 个小时复习。

问题一：对上述事情你如何分类？请把下列代码写在序号前的括号内。

A= 重要、紧急

B= 重要、不紧急

C= 不重要、紧急

D= 不重要、不紧急

问题二：请你为本周的工作做一个计划表，把上述待办事项序号填在空格内：

时间		A	B	C	D
周一	晚上				
周二	上午				
	下午				
	晚上				
周三	上午				
	下午				
	晚上				

续表

时间		A	B	C	D
周四	上午				
	下午				
	晚上				
周五	上午				
	下午				
	晚上				
周六	上午				
	下午				
	晚上				
周日	上午				
	下午				
	晚上				

问题三：对于不重要的事情，你打算怎样处理？

____

____

____

拓展与延伸

时间管理的电子助手

手机已成为现代人学习、工作与生活中不可或缺的伙伴，有效利用手机上的时间管理应用程序能显著提升我们的工作效率和生活质量。下面给大家介绍一些实用的类型。

一、自控辅助型 App

这类 App 专为自控力较弱的用户打造，界面简洁，操作直观。用户可以轻松添加任务，设定优先级和截止日期，并通过习惯追踪功能培养良好的工作和学习习惯。同时，它们会提供详细的数据分析报告，帮助用户了解自身的专注时长和效率变化情况。

二、全能型任务管理 App

这类 App 集计划表、备忘录、日程清单等多种功能于一体，适合追求功能全面的用户。它们支持跨设备同步，方便用户随时随地管理任务。此外，还提供日历视图、桌面小部件，以及计时器和习惯养成组件，助力用户高效工作与学习。

三、团队协作与家庭共享型 App

这类 App 专为需要频繁协调日程的团队或家庭成员设计，其强大的共享功能确保所有成员都能实时获取最新的计划变动，轻松协调各自日程，大大简化沟通流程，提升沟通效率。

科技日新月异，时间管理 App 的功能也在不断迭代升级。同学们可根据自身需求，选择最合适的工具来优化时间管理，实现高效学习与生活。

写一写

请在手机的应用商店中搜索并选用适合你的时间管理 App 并将其名称写在横线上。

____

第二课　做好计划管理

学习目标

1. 能够举例说明计划管理的重要性并能够根据不同标准对计划进行分类。

2. 能够通过确定目标、分析条件、拟订方案、分析可行性的步骤，根据自身实际撰写计划。

3. 能够执行自己制订的计划，提升对生活的控制力。

知识框架

案例启思窗

小妍是技师学院三年级的学生，在一次音乐课上被悠扬的笛声吸引，从此喜欢上吹笛子，还特地请专业老师来指导自己。她下决心用两年时间达到笛子演奏八级的水平。但是，要达到这个目标，对小妍来说并不是一件容易的事情。她制订了两年学习计划，准备每天抽出 3 个小时来练习笛子。她的计划包括演奏知识和技巧的学习安排，并标出了达到四级、六级、八级的时间点。她激励自己严格按照计划执行。她还针对比较难掌握的颤音、花舌等小技巧制订了专项训练计划。她在计划里写明：碰到“瓶颈”及时请教老师；如果当天没能按时完成练习，就罚自己一个星期不准吃零食。

思考：

1. 请说一说，小妍能成功吗？为什么？

2. 请在完成这一课的学习之后思考：如果你是小妍，你会怎样修改和调整计划？

一、初识计划管理

1. 计划管理好处多

相信同学们都明白“凡事预则立，不预则废”的道理。那么，想想在过去的学习和生活中，你有过哪些计划？你按照计划去实施了吗？最终实现目标了吗？

趣味体验营

1. 你最想做成的事是什么？

______

2. 做这件事要达到什么目标才能让自己满意？

______

3. 你为它付出努力了吗？如果付出努力了，具体做了什么？

（1）你为它而努力，最开始的想法是：______

______

（2）你的具体做法是：______

______

（3）你坚持了多长时间：______

4. 你最终是得到更大提升还是中途放弃了？

______

5. 请你总结成功、失败或中途放弃的原因。

______

（1）明确目标和路径

计划管理旨在通过协调各方、安排目标实施的时间节点以及合作方式，来确保目标的顺利实现。计划管理对充满不确定而又有无限可能的未来进行预判，并通过现状分析，发现各种机遇和挑战，制定可行有效的应对措施，明确实现路径，最终达到目标。

（2）减少重复和浪费

当有明确的目标时，我们就会心无旁骛，不容易被外界诱惑干扰，从而减少不必要的重复。根据计划高效地利用时间和各种资源，可以达到事半功倍的效果。

2. 计划管理类别多

制订计划是实现目标的有效手段，为了实现目标，我们会围绕目标制订各种计划，并根据计划不懈地努力。了解计划的分类，有利于我们进行计划的编制。一般情况下，计划可按照时间、内容、使用频率进行分类。

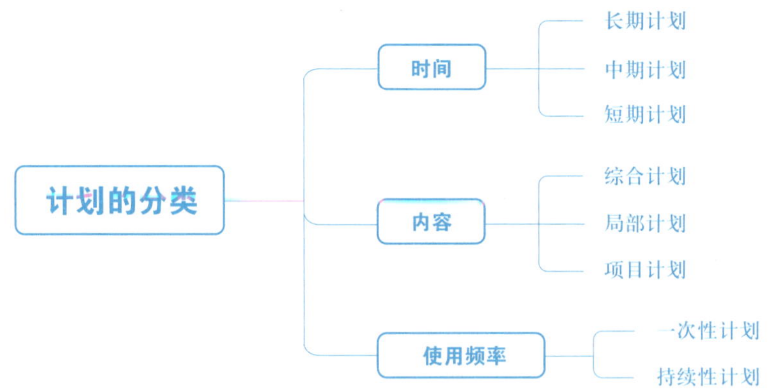

（1）按时间分类

按时间分类，计划可分为长期计划、中期计划和短期计划。

长期计划规定了在较长的时期内所从事的活动，以及长期要达到的目标。一般情况下，长期计划为 2 ~ 5 年，甚至为 10 年或者 10 年以上。技工院校的学制一般有三年制和五年制，参加岗位实习之前的自身专业素养的培养计划属于长期计划。

中期计划一般指 1 年以上，不超过 2 年的计划，例如在校期间对于某一门专业课的学习计划。

短期计划一般指 1 年或者短于 1 年的计划，例如组织某一项活动所制订的计划。

（2）按内容分类

按内容分类，计划可分为综合计划、局部计划和项目计划。综合计划指的是关联整体的、涉及多目标多方面的计划，如一款汽车的研发和销售计划。

局部计划是指在综合计划内制订的指定范围的计划。一般情况下，局部计划是综合计划的子计划，是为达到总体目标的分目标而制订的，如一款汽车的升级计划。

项目计划是局部计划中针对某一特定项目而制订的计划，是落实到具体工作中的计划，如一款汽车的后视镜研发计划。

（3）按使用频率分类

按使用频率分类，计划可分为一次性计划和持续性计划。一次性计划是指为满足特定情况而设计的、仅被使用一次的计划，如让某门课程考试达到 80 分以上的学习计划。持续性计划是指对具有重复性的活动做出的持续性指导计划。

趣味体验营

再次回顾“案例启示窗”中小妍的案例，请同学们思考：

小妍制订的计划包括哪些类型？

1. 按时间分类：________________

2. 按内容分类：________________

3. 按使用频率分类：________________

二、尝试计划管理

为确保目标得到落实，必须采用科学方法编制合理有效的计划。虽然计划形式多样，但是在编制中，遵循的规律基本相同。

1. 编制计划

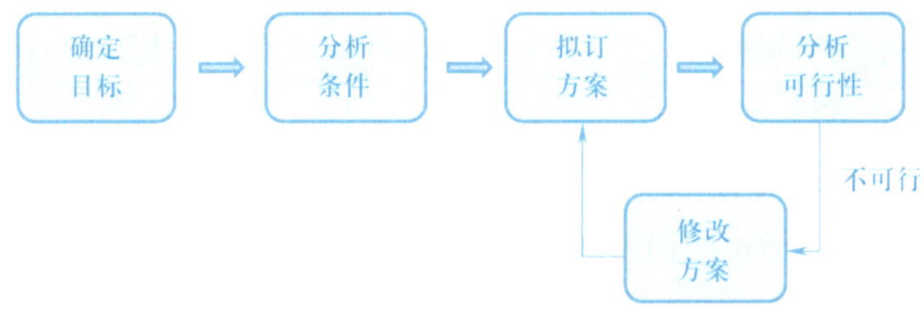

（1）确定目标

确定目标是编制计划的第一步。首先要明确目标方向，如技能训练目标、行为纠正目标、习惯养成目标等。其次要确定达到目标的难易程度。以学弹钢琴为例，要确定是以达到十级为目标还是可以弹奏几首曲目即可。另外，尽管目标的制定带有较强的主观性，但必须考虑客观制约因素，要避免空中楼阁，做到脚踏实地，切实可行。

（2）分析条件

首先分析实施者的条件，评估是否有能力完成设定的目标。

故事百宝箱

晓文是数控加工专业的新生，对专业一无所知。他看到学长加工的一副国际象棋非常漂亮，于是下决心要在这个学期做一套十二生肖头像，比这副国际象棋更漂亮，让大家刮目相看。很可惜，晓文到学期末一个头像都没有做出来。

其次分析计划实施的客观条件，在客观条件允许的情况下制订计划，才能使计划具有较强的可行性。

故事百宝箱

周正是木雕专业学生，对各种雕刻都非常感兴趣。他在电视上看到了冰雕，就想创作一个属于自己的冰雕。冰雕练习需要有大量的冰和低温的工作环境才能开展，而在南方读书的周正，难以解决这个客观条件限制，因此目标难以达到。

（3）拟订方案

分析完条件，做到心中有数后，就可以着手拟订方案。拟订方案就是要用文字的形式将计划表达出来，以备实施者查阅并起到指导实施的作用。

首先拟订主要方案，在拟订的过程中要清楚地确定“5W1H”的内容：

其次拟订派生方案，这是为了完成主要方案而产生的必要方案。一个主要计划可以派生出一个或多个计划，如拟订一个元旦晚会的方案，方案确定了节目形式，并规定了所有参演者是在校学生，那么这时候就会产生一个派生方案，即演出人员的筛选方案。

（4）分析可行性

方案拟订之后，不要急于实施，此时要分析方案的可行性。分析可行性要注意几点：一是要认真考虑方案每一步的制约因素；二是考虑方案执行过程中可能出现的突发情况；三是要考虑方案在执行后带来利益的同时是否带来损失。分析可行性将带来两种结果：如果方案可行，则形成计划，即可付诸实施；如果方案不可行，则返回方案制订环节对方案进行修改，待修改后评估为可行才可付诸实施。

趣味体验营

下面我们将通过体验活动来提高同学们进行可行性分析的能力。

春天是最美好的季节，为感受美好的春天，增进同学之间的感情，305宿舍的6位同学准备下周六到郊外踏青，并为此次郊游踏青制订计划。

请同学们以宿舍为单位，根据以下提示，完成计划的可行性分析。

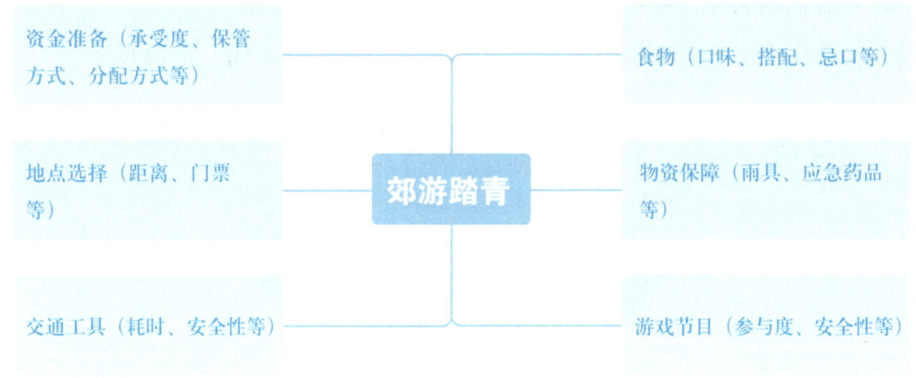

同学们可使用手机查询踏青的相关信息，以宿舍为单位进行任务分工，各自分析，一起讨论，由宿舍长对本宿舍的初步方案进行可行性分析。

2. 执行计划

执行计划是计划管理的关键。在计划的执行过程中，有很多方法可以使用，要根据自己的情况选择适合自己的方法。坚定信念，勇往直前，才能使目标早日达到。

（1）时间执行法

时间执行法是以时间为单位执行计划目标的方法，一般以天或者月为单位计算每个时间段的完成量，最终达到目标。例如，建立执行日志，在计划中规定每天的执行量，每天用打钩确认的方式督促自己完成，最终达到目标。

（2）效果执行法

效果执行法是指将计划分解为若干个步骤，每个步骤都设定具体的完成效果，最终达到目标。将计划分解，并在每一个环节都加入详细的效果考核指标，这有利于目标的达成。如瓷器的制作计划可分解为选料、练泥、制坯、上釉、高温烧窑、彩绘、低温烧窑等步骤，每一步都必须进行效果考核，最终才能保证合格瓷器的出品。

3. 调整计划

在计划执行中，可能会出现外界环境改变或者自身能力变化等情况，这时要根据情况的变化检查计划。特别是在遇到执行困难的时候，应停下来问问自己，要不要调整计划。如果需要，则在保持整体计划目标不变的前提下，根据具体情况做适当修改。

计划管理的误区

知识加油站

在信息化高度发展的时代，巧用人工智能（artificial intelligence，缩写为AI）制订计划，再借鉴修改，是一个不错的选择。只需要在AI软件中输入关键词或个性化需求，系统就将在庞大的数据库中筛选、合成，输出一个不错的计划。你再根据自己的实际需求进行修改调整，形成属于你的计划。

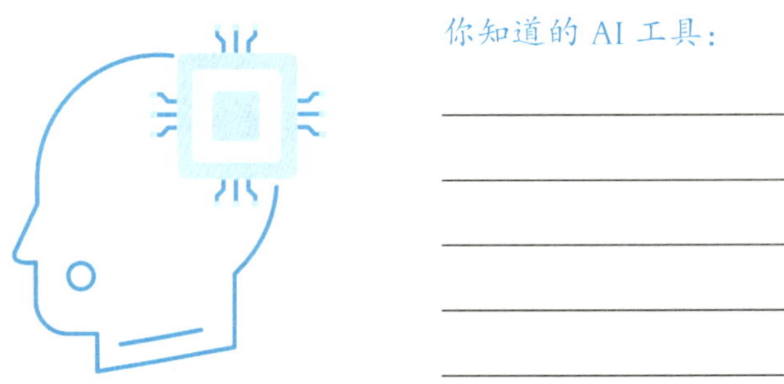

你知道的AI工具：

____

____

____

____

____

实践与应用

小张的快乐暑假

小张是一所技师学院的学生，平时对历史文化特别感兴趣，在学习过程中偶然看到了对西安的介绍：西安，古称长安，陕西省省会，是联合国教科文组织确定的“世界历史名城”。于是他产生了到西安走走的想法，和宿舍同学商量之后，同学小王和小陈希望一起前往，于是三人决定利用暑假到西安来一场文化之旅。为了筹集本次旅行的资金，他们从学期初开始勤工俭学，省吃俭用，到学期末终于攒下了4 000元的旅游资金。

在出发前，小张为大家购置旅行衣物、应急药品等共花费了700元，订购往返车票共花费了600元，预订民宿共花费了300元，留下2 400元备用。

3天的行程，小张选择了一些西安的景点：

序号	景点	门票价格	备注
1	秦始皇兵马俑博物馆	学生票 60 元	
2	西安市钟鼓楼博物馆	学生套票 30 元	
3	西安城墙	学生票 27 元	每月的 15 日免票
4	大雁塔	学生票 5 元	登塔需线下购票
5	陕西历史博物馆	免票	需提前预约
6	大唐不夜城	免票	观看演出需付费
7	华清宫	学生票 60 元	
8	陕西考古博物馆	免票	需提前预约
9	华山	学生票 80 元	西峰索道 126 元、北峰索道 72 元、进山车 20 元
10	碑林博物馆	42 元	
11	骊山		该景区门票含在华清宫门票中
12	安仁坊	免票	

暑假的第三天，小张、小王和小陈三人如期出发并度过了 3 天开心快乐的旅行。对小张来说，这是一次成功的旅行，欣赏美景感受传统文化的同时，锻炼了自己解决问题的能力。

根据小张的旅行安排完成以下问题：

1. 小张从产生去西安旅游的想法到旅行成功，从时间上看属于________计划，从使用频率上看属于________计划，从内容上看属于________计划。

2. 如果你是小张，请你根据资金、行程的实际情况，通过互联网查找相关资料，设计一条去西安旅行的景点线路。

第一天：____

第二天：____

第三天：____

3. 对以上安排的景点进行可行性分析，例如分析景点安全性、景点之间的乘车便利性、资金的可承受度等。

____

____

拓展与延伸

制订计划应考虑的原则

一、明确性原则

计划一定要具体，比如降低预算的计划中，要规定实施标准、完成期限等明确的要求。

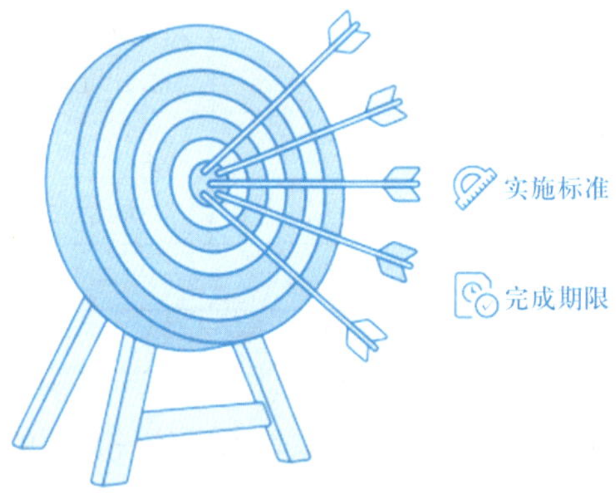

二、衡量性原则

计划中的标准应能够测量，如在降低预算的计划中，写明要从过去的 1 000 元，降低到 600 元。可衡量性可以从数量、质量、成本、时间上去判断。

三、可实现性原则

制订计划要考虑是否可以实现。计划目标过高，则无法完成；计划没有挑战，则无法调动积极性。因此，制订计划时，应该考虑到自己的实际情况和能力水平。可以制订跳起来“摘桃”的计划，不能制订跳起来“摘星星”或者随手“捡石头”的计划。

四、相关性原则

计划细分过程中，各子任务之间要有一定的关联性且都是为大任务服务的。比如为徒步旅行准备背包、手杖、药品与规划具体路线，都是为了能够完成旅行。

目标相关性原则

五、时限性原则

计划要有截止时间，拖延是计划最大的敌人，如果没有截止时间，再好的计划也是没有意义的。

时限性原则循环

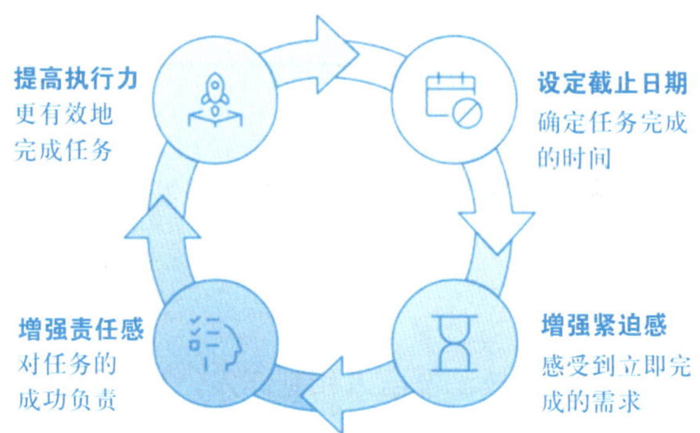

最优计划评比

一、活动目标

1. 深入理解如何合理安排时间。

2. 学会编制完整的计划。

3. 学会对计划进行反思和完善。

二、活动准备

1. 所需物品：白板笔、大张白纸、彩色贴纸。

2. 分组。

3. 准备评分表，如下：

分组	A组	B组	C组	D组	E组
A组					
B组					
C组					
D组					
E组					
总分					

三、活动步骤

1. 发布任务：周末要举办班级活动（如郊游、球赛、主题营销、跳蚤市场等），请为本次活动编制一个完整的计划（编制计划时要注意当天的整体时间安排，并按照时间顺序进行编制）。

2. 组内分工：各组确定小组长、发言人和制作人，明确各成员职责。

3. 各组讨论，完成以下任务，并分享结果。

任务一：

各组完成计划中的“5W”

序号	项目	内容
1	做何事？	
2	为什么做？	
3	何人做？	
4	何地做？	
5	何时做？	

任务二：

各组完成计划中的“1H”

项目	内容
怎么做?	

任务三：

对以上填写的“5W1H”的内容进行可行性分析，并结合时间管理的内容用四象限排序法对“怎么做”的过程进行优先级排序。

1. 可行性分析：____________________________________

2. 优先级排序：

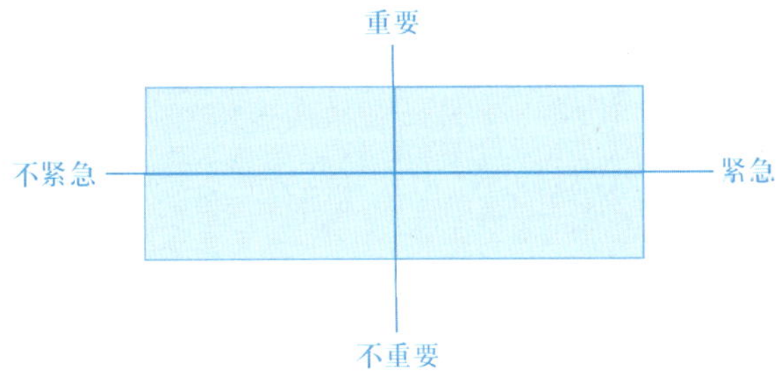

任务四：

根据以上三个任务的结果，编制本次活动的计划。

任务五：

各组发言人说明本组计划。

四、活动评价

1. 小组评价：由组长代表本组将唯一一票投给本组成员认定的最优秀小组（本组除外）。

2. 教师评价：教师将自己手里的一票投给自己认为最优秀的小组，并进行点评。

五、活动总结

结合教师点评和本组的成果，写一份书面小结，反思计划编制中存在的不足，并提出改进建议。

第三单元

情绪与心态

怒不过夺，喜不过予。

——荀子

蚂蚁搬家时被石头挡住去路，花了一整个上午才成功翻越。

有人这样想：“蚂蚁真可怜，个子那么小，被石头欺负。”因此，他们感到自己也如同蚂蚁一般，软弱无助，满是悲哀。

也有人这样想：“小小蚂蚁太厉害了，为了达到目标，坚持不懈。蚂蚁可以，我也可以！”因此，他们带着满满的正能量，向梦想迈进。

第一课 学会管理情绪

学习目标

1. 能够说出情绪表达的方式。
2. 通过故事讲述和角色扮演，能够认识到情绪管理的重要性并举例说明。
3. 通过案例分析和活动实践，能够熟练掌握并灵活运用情绪调控方法。

知识框架

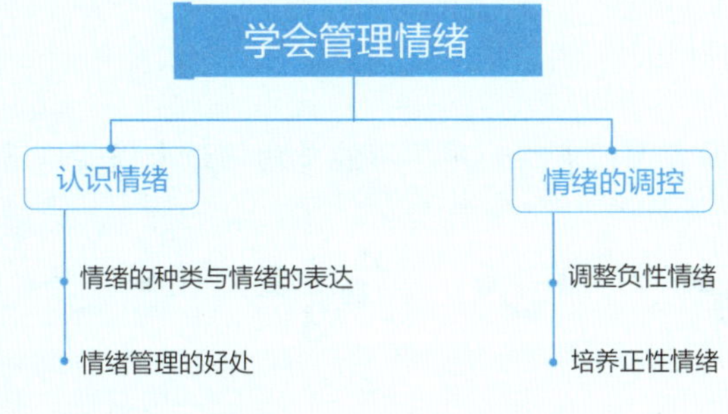

案例启思窗

宋萱踏入技工院校，开始她的学业之旅。她努力融入新环境，课上专注学习，课下积极参与班级事务，并且每个周末都开心地向家人分享校园生活的点滴。

然而，随着时间的推移，她有些迷茫：在英语课上，由于担心口音问题，她不敢开口练习；在绘图课中，因为怕画不好，每次上课都觉得压力很大；还有计算机课，密密麻麻的代码让她头疼不已。对比之下，她的同桌活泼开朗，各科成绩优秀，入学仅两个月就被老师选中成为下学期技能大赛的选手。“为什么别人轻而易举就能把事情做好？而我很认真地学习，却还是学不好，难道是我太笨了？”宋萱很沮丧。

宋萱在朋友圈里写道：“心情好差，无以言表。”

思考：

1. 宋萱“心情好差，无以言表”的情绪，你有过吗？你会怎么描述这些情绪？

2. 情绪如何影响你的生活？当快乐、悲伤或愤怒来袭时，你通常如何应对？

一、认识情绪

1. 直面情绪

喜悦、愤怒、悲伤、恐惧是人的四种基本情绪。尽管如此，人类的情绪体验远比这四种更为复杂。

趣味体验营

请认真观察下面各图的表情，用尽可能多的词语来描述以下各图的情绪。

讨论：

1. 同一张图，每个人的用词都一样吗？

2. 请选择其中一张图来代表当下的心情，每个人会选择一样的图吗？为什么？

情绪是人们对于客观事物是否满足自身需求所产生的一种态度体验。面对同一种客观事物，由于人的需求不同，体验也不一定相同。例如，当看到满地金黄的落叶时，有人体验到凋零和凄凉，而有人体验到成熟的喜悦。根据愉悦度，情绪通常可以分为正性情绪和负性情绪。正性情绪有快乐、愉悦、兴奋等。负性情绪有悲伤、愤怒、焦虑等。深入了解情绪背后的需求，有助于我们有效地识别和调节自己的情绪。

趣味体验营

请讨论并简要记录情绪背后的心理需求是什么？

情绪悄悄话

情绪	悄悄话
兴奋	1. 我受到了别人的赞赏 2. 我的成绩被大家看到了
无聊	1. 我对现状感到无聊，因为没有挑战 2. 我可能是因为没有找到目标，所以感到乏味

思考：通常你是怎么处理负性情绪背后的心理需求的呢？（　　）

A	假装不知道	B	不知道怎么办	C	行动起来
D	其他：				

情绪的表达可以通过语言、语音语调、面部表情、肢体动作等多种方式来实现。通过这些方式，人们能够将自己感受到的快乐、悲伤、愤怒、恐惧等情绪传递给他人，从而实现情感的交流。

（1）语言表达

语言表达是最直接、最普遍的情绪表达方式。人们通过口头语言或书面语言能够直接而明确地描述情绪及其程度，如“我非常开心”或“我感到有点失落”，同样也能直观地从语言表达中感知他人的内在情绪。

（2）语音语调

语音语调在传递不同情绪时起着重要的作用。相同的话语，通过不同的语速、音量、音高以及抑扬顿挫等形式，能够传达出完全不同的情绪。因此，在表达自己的情绪时，也可以通过调整语音语调来增强沟通效果，使对方更好地理解自己的情感和意图。同样，我们在解读他人的语音语调时，需要综合考虑他们的习惯、文化背景和情境因素的影响。

说一说

用不同的语音语调说“你好”，以表达不同的情绪。

（3）面部表情

面部表情是一种直观的情绪表达，人的面部表情主要表现在眼睛、眉毛、嘴巴、鼻子、面部肌肉的变化，这些表情变化往往暗示着不同的情绪状态。艺术家通过精细刻画人物的面部表情，生动地传达人物内心的情感世界。在日常生活中，人们也可以通过面部表情来感知和理解他人的情绪，从而做出相应的反应。

知识加油站

真笑还是假笑?

解剖学家杜兴·德·布洛涅发现，真正的微笑（后来被称为“杜兴微笑”）涉及眼角周围的眼轮匝肌和连着嘴角的颧大肌的收缩。

真笑是人无意识的自发愉悦，而假笑是有意识控制的社交伪装。

项目	真笑	假笑
眼睛	眼睛周围的肌肉会收缩，眼角会出现鱼尾纹	眼睛看起来比较空洞
嘴巴	往往是从嘴角开始拉开，然后再带动眼睛	嘴巴和眼睛的动作同时发生，或者嘴巴在做出笑的样子，而眼睛没有笑意
头	头部会微微倾斜，肩膀下沉，身体处于一种比较舒展的状态	头部姿势比较僵硬
笑声	笑声通常比较自然、流畅和有节奏	笑声的出现与表情和情境不太协调

（4）肢体动作

肢体动作涵盖了手势、身体姿态、动作等多种形式。例如，反复搓手可能意味着紧张或忧虑，挥手动作可能表达告别或不满，而拥抱则通常代表亲密和安慰。值得注意的是，在不同的文化背景下，肢体语言的含义可能存在显著差异。

2. 情绪管理益处多

（1）提升心理素质

情绪健康是心理健康的重要标志，一个心理健康的人，其情绪通常也较为稳定。而情绪管理是适度表达和控制自己的情绪，既不过分压抑也不随意发泄，这有助于个体维持情绪的稳定，有助于减少焦虑、抑郁等心理问题的发生，有助于及时识别并应对负性情绪，从而避免负性情绪积累导致更严重的心理问题。

（2）促进身体健康

当情绪保持积极、轻松和愉悦时，身体的各个器官会遵循大脑的指令，协调运作。然而，如果情绪持续不稳定，如持续的不安、紧张或抑郁，个体不断受到这些负性情绪的反复冲击，长此以往，身体可能会出现一系列变化，导致功能失调。例如，过度的焦虑可能会引起内分泌系统的紊乱。

（3）提高学习效率

在篮球赛前，队员们往往会聚集围圈大声喊出口号以振士气。正性情绪有助于激

发人们的潜力，发挥水平，而负性情绪则可能成为成功的绊脚石。当你郁闷不快时，你对学习通常也提不起兴趣；当你焦躁不安时，你很可能无法集中注意力。因此，要想有较高的学习效率，就要有愉悦的、平和的、稳定的情绪。

很多学生会出现考试焦虑，这也是情绪管理不当的体现。一些学生在考前会感到过度焦虑，出现睡不着觉、尿频、手心出汗等状况，这时就需要放松，找到缓解焦虑情绪的方法。但是如果考前一点紧张感都没有，同样不利于集中注意力，全力以赴地备考。因此，恰当地把握焦虑的程度，有效地管理情绪，才能考出最佳成绩。

（4）增强社交能力

人们总是渴望阳光的陪伴，而非乌云的笼罩，没有人愿意跟那些整天怨天尤人、情绪低落的人为伍。那些乐观、热情的人总是能很快地交到朋友，并深受朋友的喜欢；而那些自卑、压抑、易怒的人常常被人疏远。

亲情和友情的纽带也可能因情绪的波动而变得紧张。在人际交往中，理智地管理情绪，对自己负责，对他人尊重，适当地表达自己的情绪，才能收获良好的人际关系。

趣味体验营

你和好朋友约好了一起外出，约定了集合的时间和地点，然而你却迟迟未见好朋友出现。当你打电话联系他时，他说忘记了。此时的你是怎样的情绪，你会如何表达你的情绪？请两人一组分别进行角色扮演。

讨论：

1. 你可能有几种不同的情绪？

2. 同伴之间如何进行有效沟通？

在人际交往方面，情绪管理除了涉及对自身情绪的管理，还包括能识别他人的情绪，并在客观分析的基础上，给予恰当的情绪反馈和互动。当你的好朋友遭遇挫折时，他需要什么？是要和他讲“苦尽甘来”的道理吗？或许，能够陪伴在他身边，给予他一个充满力量的拥抱，表示理解，就胜过千言万语了。

二、情绪的调控

我们不仅要认识情绪给我们的生活和学习带来的影响，更要学会调整负性情绪和培养正性情绪。

1. 调整负性情绪

趣味体验营

生气是我们经常体验到的情绪。当我们被忽视、被阻碍，或是遭遇不公平对待时，这种情绪就会产生。许多人在生气时，往往呈现两种状态：要么憋在心里生闷气，要么冲动发火甚至攻击他人。这两种方式不仅伤害自己的身心健康，也可能破坏人际关系。

那么，该如何更好地应对生气这种情绪呢？生气时，你不妨先停下来，问自己以下几个问题：

问原因
- 是什么事情让我感到不满？
- 这件事的背后，是否触及了我特别在意的某个原则或需求？

找方法
- 我的反应是否过激？有没有更好的处理方式？
- 怎样表达我的不满，才能既维护自己，又不伤害他人？
- 如果不想憋在心里，也不愿大吵大闹，有没有更理性的沟通方式？

明预期
- 如果我直接发脾气，事情会变好还是更糟？
- 如果发火并不能解决问题，我还能做些什么来改变现状？

很多人信奉“时间是治愈一切的良药”，然而却积郁成疾。负性情绪产生后，我们应充分发挥主观能动性，使负性情绪得以疏解或者缓解。

（1）寻找出口，疏导负性情绪

第一，倾诉困扰。通过倾诉烦恼，我们能够理清思绪，并从愿意倾听的人那里得到宝贵的建议。通常情况下，当我们把内心的困扰倾诉出来时，心情也会随之好转。我们可以向朋友、家人，甚至是心理咨询师寻求帮助，以倾诉我们的困扰。

然而，倾诉并不等同于抱怨。例如，“我很讨厌小张，因为他总是在宿舍里面大声打电话，大声唱歌。”这是抱怨。抱怨的主要目的是批评，这样不利于解决问题，会让负性情绪蔓延。“小张常常在宿舍里大声打电话，大声唱歌，这种行为让人不愉快，也许我们可以找他谈谈。”这是倾诉。倾诉是客观地陈述问题，专注于事实，避免指责，其主要目的是找到解决困扰的方法。

第二，进行适量运动。适量的运动是必不可少的，它对于我们的身心健康具有重要的意义。通过让身体活动起来，我们不仅能释放过剩的精力，维护身体健康，还能促进内啡肽——这种被称为“快乐素”的物质的分泌，从而带来愉悦感。运动的好处不仅仅局限于这些，它还能帮助我们改善睡眠质量，增强免疫力，降低患慢性疾病的风险，这些均有助于我们保持良好的情绪状态，减轻压力和减少焦虑。

运动小妙招

在运动的过程中，你可以忘却心烦事；在运动之后，你也能更积极、更主动。那么如何正确运动才能释放负性情绪呢？

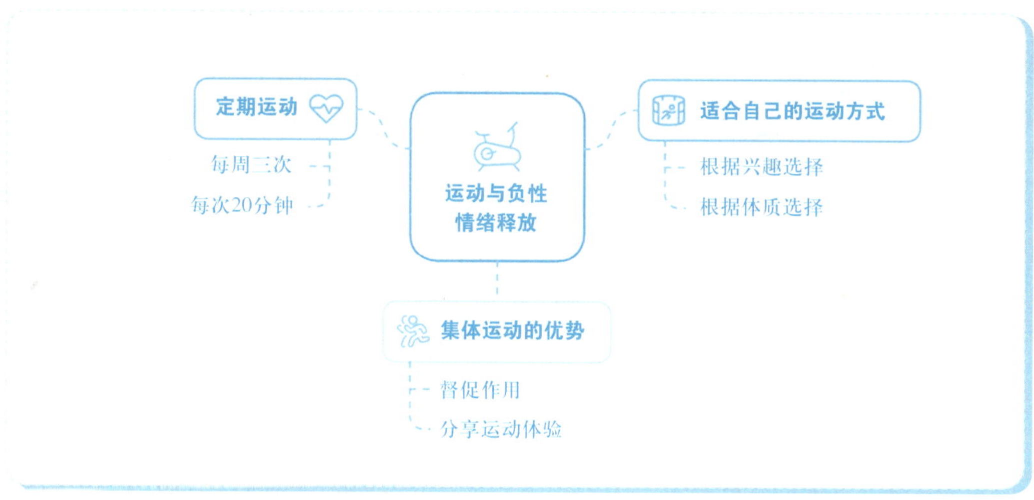

第三，调节饮食。一些食物富含特殊成分，有助于改善情绪。例如，香蕉富含能助人产生愉快感的复合胺，它可以减少不良激素的分泌，使人快乐、安宁。在享受美食的同时增进友谊，在轻松愉快的氛围中共同提升情绪状态。

说一说

你知道哪些食物有助于改善情绪吗？

（2）修正认知，走出情绪困境

使个体产生负性情绪和不良行为的并不是事件本身，而是对事件的不正确的认知，如下页图所示。因此，要调整负性情绪，就要从调整认知入手。

每个人的认知中都有合理的部分和不合理的部分。大部分的情绪困扰都来自不合理的认知。不合理认知主要有三个特征：绝对化、以偏概全、糟糕至极。

常见的不合理认知

趣味体验营

参照下表内容，写下一些你认为的不合理认知，并尝试从积极的角度思考和梳理下一步该怎么做。

不合理认知	特征	思考及行动
我这次考高级工证没通过，恐怕以后也很难通过	糟糕至极	一次考试不过不能代表个人成败 我要认真反思原因，主动请教老师，积极准备下次考证

（3）主动求助，善用社会支持

在我们遇到负性情绪的困扰，并且发现自己无法通过自我调节来应对这些情绪时，勇敢地寻求帮助，并借助外部力量的支持走出当前的困境，显得尤为重要。向他人求助并不仅仅是为了找到解决眼前问题的方法，它还意味着我们有机会学习如何更有效地管理自己的情绪，从而提升应对挑战的能力。

第一，选择合适的求助对象。在遇到问题或需要帮助时，选择合适的求助对象至关重要。

亲朋好友，他们是你最亲近的人，也是最了解你情况的人，可以给你提供情感上的支持和理解。与他们分享你的感受，会让你感到轻松和安慰。

优秀师长，他们积累了教书育人的丰富经验，可以给你提供宝贵的专业建议和高效的学习、工作方法。

心理咨询师，他们具备专业的心理学理论知识和丰富的实践经验，能够帮助你疏解负性情绪，提供科学有效的心理指导。

我应该向谁寻求帮助?

亲朋好友
提供情感支持和理解

优秀师长
提供专业建议和学习方法

心理咨询师
提供心理咨询服务和心理指导

第二，选择合适的外部资源。互联网上有许多关于情绪健康的网站和资源，你可以在线上平台找到相关的信息和支持。你还可以参加心理健康讲座。你也可以加入心理支持小组，这样你可以与其他遇到类似问题的人倾诉你的感受，获得情感支持和理解，同时你也可以从他们的经历中学到应对策略。

作为新时代的青年学生，我们接受了系统的心理健康知识教育，因此，要科学地认识到情绪问题是一种常见的生活挑战，而不是个人的失败或缺陷。

趣味体验营

试着填写清单，写出你可以并且愿意求助的资源。写完后请同学补充。

求助资源	内容	求助资源	内容
亲朋好友		心理讲座	
资深人士		心理热线	
心理支持小组		其他资源	

故事百宝箱

青春点亮人生，匠心开创未来。2022 年 10 月，来自中国的选手刘泽龙在瑞士举行的 2022 年世界技能大赛特别赛电子技术项目上摘得金牌。刘泽龙能在高手如林的赛场竞技中获胜，绝不仅是因为技术过硬，良好的心理素质也是决定其成功的重要因素。

在国家集训队中，刘泽龙接受了全方位的训练和层层递进的模拟实战。除了专业技能训练，还要接受数学、英语、体能和心理素质训练。充分的赛前准备，让他在比赛中更加自信。“大大小小算一起，6 年里，参加了三四十场比赛吧。”参加各种比赛让刘泽龙快速提升技能，还锻炼了心理素质。“心态好，不紧张，多大的赛，甚至世赛，都能当成一个平常比赛。”

第二个比赛日的上午，刘泽龙在嵌入式编程项目中遇到了困难，没能按时完成所有的任务。这给志在夺冠的他带来了很大的打击。然而，他并没有因此放弃，经过教练组及时的心理疏导，他迅速调整情绪。在第三天的电路调试组装模块中，3 个小时的焊接比赛，他只用了一个半小时，完成得又快又好。

在比赛过程中，刘泽龙懂得寻求外部支持来释放压力。一方面，他与教练团队保持密切沟通，及时倾诉自己的感受和困惑，从而获得教练的指导和鼓励。另一方面，他也与家人保持联系，通过情感互动等方式来缓解压力。

最终，刘泽龙逆袭夺冠，实现了我国在电子技术项目上的两连冠。

思考：

1. 以上案例中刘泽龙运用了哪些调节情绪的方法？

2. 你还有哪些调节情绪的好方法？

2. 培养正性情绪

做好情绪管理不仅要减轻和疏解负性情绪，更重要的是培养正性情绪，提升幸福感。而培养正性情绪是一个持续的过程，需要持续积累。

（1）发展一个健康的兴趣

作为最具活力的学生群体，发展健康的兴趣爱好不仅有助于促进学生的全面发展，还能提升生活质量和学习动力。此外，参加感兴趣的活动还能帮助自己远离空虚的状态，在活动中获取正性的情绪体验。

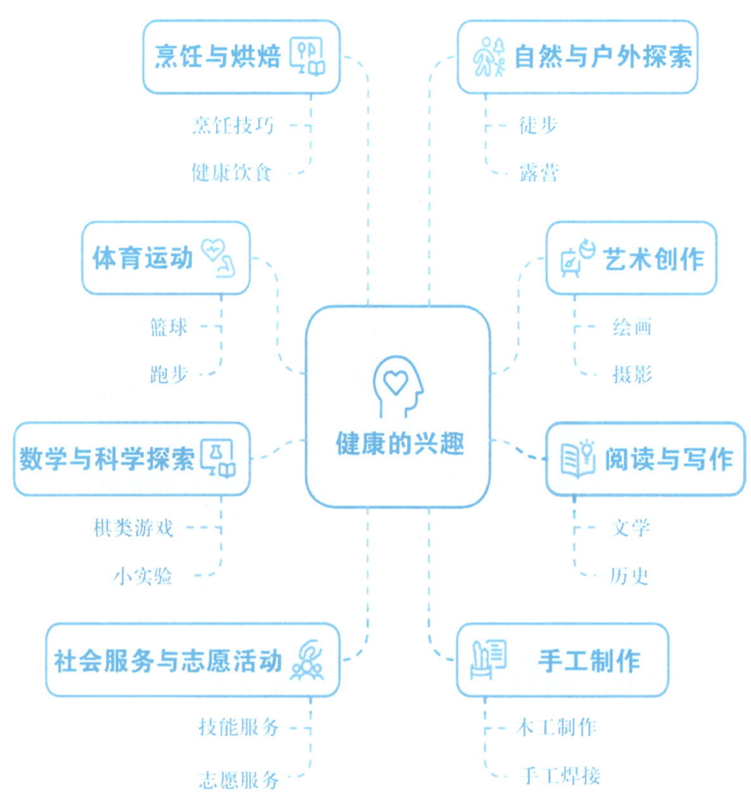

说一说

请分享你的兴趣爱好给你带来的正性情绪。

（2）调配一个幸福的配方

调配幸福的配方因人而异，因为每个人对幸福和快乐的定义和追求都不尽相同。

第一，感受正性情绪。每天尽量安排一些时间做一些小事感受正性情绪，提升自己的幸福感。例如，听喜欢的音乐、吃喜欢的小食、花时间欣赏周围的风景，通过正面思考、涂鸦日记、冥想等方式来激发正性情绪。

第二，在成就中提升。设定一些短、中、长期的目标，并且有计划地实现，在一次次成功中获得成就感。设定目标时要注意将人生目标与社会价值相结合。这不仅能够促进个人的成长，还能为社会带来积极的影响。例如，参加技能服务社区活动、环保行动、志愿服务和公益宣讲等。

幸福的配方并不是一成不变的，而是可以根据你的个人需求和情况进行调整的。要持续保持开放的心态，不断探索和尝试，以找到最适合自己的幸福之路。

（3）拥有一个温暖的朋友

拥有一个温暖的朋友是一种幸运，他不仅能够在你需要的时候给予支持和安慰，还能与你共同分享生活的喜悦和挑战。朋友关系需要我们主动建立并给予精心呵护。例如，定期安排时间和朋友相处，通过主动表达关心和支持、分享喜怒哀乐等方式来维系和增进友谊。

如何维护朋友的友谊

1. 保持联系

定期与朋友保持联系，无论是通过电话、社交媒体还是面对面交流，分享彼此的生活动态，让友谊保持生机和活力。

2. 倾听与理解

当朋友向你倾诉时，要认真倾听，不要急于提出建议或做出评判，而是先尝试理解他们的情感和需求。

3. 相互支持

在朋友需要帮助时，及时伸出援手，无论是物质上的还是精神上的支持。同时，也要学会接受朋友的帮助，不要因过分独立而拒绝朋友的好意。

4. 尊重差异

每个人都有自己的观点和生活方式，尊重朋友的差异，学会包容和理解，不要让小事成为友谊的绊脚石。

5. 共同创造美好的回忆

与朋友一起规划并参与有意义的活动，如旅行、聚会、庆祝特殊日子等，这些共同的美好回忆将成为你们友谊的宝贵财富。

6. 表达感激

不要吝啬表达对朋友的感激之情，当他们为你做了某件事情时，及时表达感谢，让他们知道你的珍视和感恩。

人际关系是相互的，友谊亦是如此。只要你持续地做到以上几点，相信你的朋友也会给予你同样的温暖回馈，你们的友谊之花会开得更加灿烂。

拥有友谊

情绪的管理并非一蹴而就，需要我们在日常生活中不断地实践和调整。通过持续的努力和实践，相信你会发现自己越来越能够管理和调节自己的情绪，生活变得更加积极和充实。

写一写

运用本课所学的情绪调控的方法，续写课前“案例启思窗”中宋萱的故事。

实践与应用

路虽远，行则将至。请在接下来的一周内完成以下情绪挑战，成为“情绪阳光小达人”。

目标	实施情况 （时间、地点、经过、结果）	心得与反思 （感受、对策）
第一天：做一件你感兴趣的事情		
第二天：向一个人表示感谢		
第三天：做一件力所能及的好事		
第四天：努力解决一个小困难		
第五天：找出自己的 10 个优点		
第六天：跟你的好朋友说一段暖心的话		
第七天：做一件让你放松的小事		

成为“情绪阳光小达人”是一个持续的旅程，在以后的生活中，你还将采取哪些措施进行情绪管理?

____

____

____

拓展与延伸

呼吸减压法

当你考试焦虑时，当你面试紧张时，当你上台演讲脑子一片空白时，不妨尝试用呼吸减压法让自己冷静下来，然后集中精力完成任务。呼吸减压法是通过调整呼吸，用生理节奏去影响心理状态的方法。为了更好地发挥呼吸减压法的作用，你需要在平时多加练习。练习时，尽量减少其他干扰因素，可将手机调成静音。初始练习需完整重复以下步骤至少 10 次。当你熟练后，可以逐渐减少练习次数。

第一步：保持坐姿，挺直上身，身体向后倚靠，稍微放松束腰的皮带或者紧身的衣物。

第二步：将双手放在肚脐上，要求五指并拢、掌心朝内。

第三步：深呼吸——缓慢地吸气，想象自己的腹部是一个正在逐渐充气的大气球。接着，缓缓呼气，同时保持腹部的放松。尽量延长吸气和呼气的时间，将注意力集中在腹部的起伏上，进行 3~5 次深呼吸。

第四步：站立，自然放松。两臂置于身体两侧，自然下垂。深吸气，将手臂提升至身前。深呼气，双手向两侧打开。深吸气，将双手握紧。深呼气，将双手缓慢张开，并自然落下，置于身体两侧。重复此步骤 3 ～ 5 次。

第二课 保持良好心态

学习目标

1. 能够理解心态的概念，并能说出影响心态的三个因素。
2. 能够认识并说出积极心态与消极心态的特点与表现。
3. 能够运用转念、感恩、暗示等方法来调整自己，塑造积极心态。
4. 通过对本课的学习，掌握调整心态的方法，自信而愉悦。

知识框架

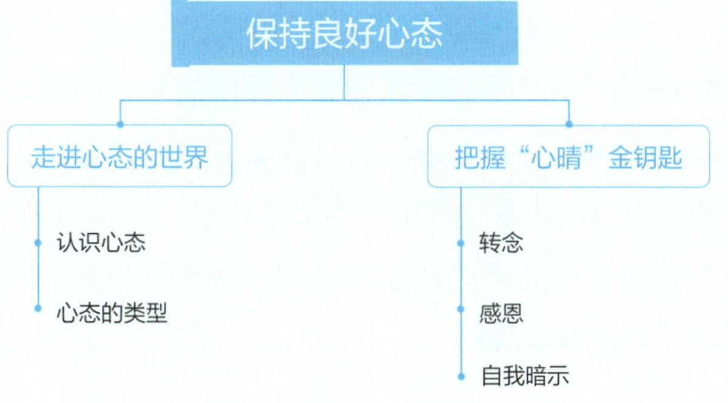

案例启思窗

小风是个开心果，走到哪里，笑声跟到哪里，班里的同学们都很喜欢他。小风学习成绩好，动手能力强，性格开朗，还经常主动帮助同学们。大家发现，小风总把时间安排得很满，每次同学们组织周末活动他都无法参加。原来，小风利用课后时间不仅参加了校内的勤工俭学，周末还在校外做兼职。

有些同学好奇，问他：“你那么缺钱吗？”小风总是笑笑说：“少壮不努力，老大徒伤悲呀。靠自己的双手挣钱可以减轻家里的负担，又可以锻炼工作能力，积累工作经验，何乐而不为呢？”

直到毕业典礼，看到小风父母出席，大家才了解到，小风的父母因为交通事故下肢残疾无法行走，仅靠大姐打工和父母做些手工活支撑一家人的生活及小风的学业。

同学们很心疼小风，特别是室友小轩，除了小风去做兼职，其他时间两人都是形影不离。小轩说：“平时看你乐呵呵的，生活那么艰苦，怎么都没听你抱怨一声？”小风笑呵呵地回答：“抱怨能解决问题吗？既然难关出现了，我积极打怪闯关就是了。你看，我不是也很好地完成了学业，还积累了那么多的工作经验吗？最近，我还找到了一份好工作。”

思考：

1. 小风在面对家庭困难时，是怎样做的？

2. 在面对困难时，你是怎么应对的？

一、走进心态的世界

1. 认识心态

你是否也有过这样的经历？当自己越在意某件事情是否能做好的时候，就越容易出现各种差错，怎么都做不好。而此时，自己就会变得更加着急，甚至不知所措。那么，究竟是什么影响了能力的正常发挥呢？答案是心态。

心态是一个人在面对各种情境时所表现出的心理状态和态度。虽然我们无法直接看到它，但它却时时刻刻影响着我们。

“不倒森林”心态体验游戏

活动准备：

筷子（或细木棍或塑料吸管）若干，每个小组配备一张课桌。

1. 分组：将参与者分成若干小组，每组 5～10 人。

2. 准备：各小组围成一个圆圈，每人手持一根筷子，让筷子竖直立在桌面上，手掌轻按在筷子顶部，保持其稳定。

3. 操作：游戏开始后，全体成员听从统一指令，按顺时针方向移动。

4. 移动要求：每人仅移动一步，并迅速将按压当前筷子的手，转移到前方同学的筷子顶部，全程保持筷子竖直不倾倒。

5. 胜负判定：小组成员需全程默契配合，维持所有筷子不倾倒，坚持时间最长的小组获胜。

讨论：

1. 在活动过程中，你在每次移动时心态是怎么样的？

2. 在这个活动中，你对心态有哪些认识？

在学习和生活中，心态似乎无时无刻不在影响着我们，但我们往往没有意识到，心态其实是可以塑造的。它并非固定不变，而是可以通过我们的思考和行动来调整和完善的。

（1）信念系统影响心态

信念系统是心态的基础。人们的信念决定了他们如何看待周围的世界。例如，当面对困难时，拥有正念的人会认为这是一个挑战，是成长的机会。他们会以积极的心态去应对。而另一些人可能会把困难看作是不可逾越的障碍，从而产生消极的心态。

故事百宝箱

两家生产鞋的公司，为了寻找更多市场，分别派出了销售人员前往一个偏远的孤岛。岛上居民与外界隔绝，祖祖辈辈赤脚生活。

甲销售人员到达岛上后，看到岛上居民都不穿鞋，认为这里没有市场，于是立即返回公司，报告说：“那里没有人穿鞋，根本不可能建立起新市场。”

而乙销售人员看到岛上没有人穿鞋，则认为这是一个巨大的潜在市场。他留在岛上，与居民交朋友，挨家挨户宣传穿鞋的好处，并亲自示范。他还了解到岛上居民的脚型与常人不同，于是向公司反馈情况。公司根据他的报告，制作了适合岛上人穿的鞋，最终成功在岛上开发了新的市场。

信念系统里包括对自身能力的评估。如果一个人高估自己的能力，可能会过于自信，盲目乐观；如果低估自己，可能会缺乏自信，畏首畏尾。

（2）情绪影响心态

情绪是心态的重要表现形式。保持正性的情绪，会让人产生积极的心态。例如，在一个班级中，同学们因为体育比赛取得了第一名的好成绩，他们会感到兴奋，接下来会更有动力去开展学习，处理生活事务，积极参加各种比赛活动，维护班级的集体荣誉。这种正性的情绪有助于保持良好的心态，融入有这样积极氛围的班级里，每个同学都会很开心。

负性情绪会干扰心态。比如，同学们在考试前过度焦虑，可能会导致注意力不集中，无法正常发挥自己的水平，这种焦虑情绪使自己处于一种不佳的心态。

说一说

你能和同学分享一个情绪影响心态的小故事吗？

（3）动机影响心态

动机是推动人去行动的内在动力。当一个人有积极动机时，他往往能保持积极的心态。例如，一名运动员为了获得冠军，实现自己的奥运梦想，他会克服训练中的各种困难，坚韧不拔。这种动机让他在面对伤病、失败等挫折时，依然能够坚持下去。

如果动机不足或者动机不明确，人可能会缺乏动力，心态也会变得消极。比如，一个员工没有明确的职业目标，只是因为应付工作而上班，可能就会对工作产生倦怠情绪，心态也会比较消极。如果一个学生来到学校，对专业不感兴趣，对三年后自己从事什么职业也不明了，那么也会出现消极心态，终日无所事事，甚至会有焦虑茫然的情况。

2. 认识心态的类型

通常，心态可以分为积极心态与消极心态，积极的心态能够推动个体勇敢应对挑战；而消极的心态则容易导致自我怀疑。情绪是心态的重要表现形式，无论正性情绪，还是负性情绪，都对人有独特的作用。因此，了解情绪变化的原因，做情绪的主人，对于促进积极思考和个人成长，保持良好心态至关重要。

在学习和生活中，每个人难免都会遇到压力。然而，面对同样的压力，不同的人会有不同的感受和反应。有些人觉得压力重如泰山，难以承受；而有些人则觉得没什么大不了的，甚至能够从容应对。这种差异的根源，在于每个人应对压力时所持有的不同心态。

说一说

根据所学内容，请你说一说情绪与心态的区别与联系。

积极的心态能够帮助我们正视压力，将压力视为成长和进步的动力。当我们以积极的心态面对压力时，会主动寻找解决问题的方法，将压力转化为前进的动力，从而更好地应对挑战。相反，消极的心态则会让我们对压力产生恐惧和逃避，从而陷入困境，难以自拔。

你想对自己应对压力时的心态有所了解吗？不妨来做个小测试吧：

能力小检测

请根据自己的第一反应来回答。

1. 当你遇到一个新任务时：

A. 我会立刻去尝试，觉得这是一个有趣的挑战。

B. 我会担心自己做不好，或者觉得任务太难了。

2. 如果你计划的活动因为天气不好而取消：

A. 我想幸好没出门，正好可以做点别的事情。

B. 我觉得很倒霉，心情变得很糟糕。

3. 当你看到别人成功时：

A. 我会为他感到高兴，并且从中获得启发。

B. 我会感到嫉妒，或者觉得不公平。

4. 如果你遇到一个困难：

A. 我会努力思考，相信自己能找到解决办法。

B. 我会想，反正我也解决不了，不如放弃。

评分标准：

如果你选择 A 更多，那么你可能更倾向于积极心态。

如果你选择 B 更多，那么你可能更倾向于消极心态。

个体在面对生活、学习、工作时所表现出的心理倾向和态度模式称为心态类型。

（1）特点与表现

心态类型可以分为积极心态与消极心态，我们来看看它们的不同特点与表现。

项目	积极心态	消极心态
特点	乐观向上，相信自己能够克服困难，对未来充满希望	悲观失望，对困难感到恐惧或想逃避，对未来缺乏信心
表现	主动接受挑战，从失败中汲取经验教训，善于发现生活中的美好	抱怨、拖延、缺乏动力，容易被挫折打败

（2）场景与心态反应

请通过以下场景来感受一下积极心态与消极心态的不同。

场景一：小明的单元测验成绩不理想。

项目	积极心态	消极心态
心态反应	看来这个单元内容没有掌握好，我找找没学好的原因，针对性地改进，不会的内容问问老师、同学，只要努力，一定能进步	我再怎么努力也考不好，不想学了

场景二：小张和同学发生了小摩擦，同学不理他了。

项目	积极心态	消极心态
心态反应	或许有什么地方误会了，要问个究竟，只要充分沟通、坦诚交流，一定能和好如初	不知什么地方得罪他了，算了就这样吧，爱理不理，不跟我说话我也不跟你说话，谁怕谁

场景三：周五下午放学回家的路上，小华遇到交通大堵塞。

项目	积极心态	消极心态
心态反应	生活总是有意外，可以利用这个时间听有声书，欣赏路边的风景，回想一下这周发生的有趣的事情，享受当下的美好时光	烦死了，谁把这路堵的呀，害死人了。现在怎么样啊？通了没有啊？

积极心态和消极心态对个人的生活和成长有着截然不同的影响。积极心态能够帮助我们更好地应对挑战，抓住机遇，实现目标；而消极心态则容易让人陷入困境，错失机会。在生活中，我们应该努力培养积极的心态，学会用积极的视角看待问题，从而提升自己的生活质量。

选择哪种心态来提高生活质量

积极心态

促进个体成长提高生活质量

消极心态

可能导致个体停滞和不满

根据不同的分类标准，心态还可以包括以下一些类型：

成长型心态：相信自己的能力可以通过努力提升，重视学习和成长。

固定型心态：认为自己的能力是固定的，无法通过努力改变。

稳定型心态：情绪稳定，不易受外界影响，能够保持冷静和理智。

波动型心态：情绪容易波动，受外界影响较大，容易冲动。

自信型心态：对自己的能力有信心，相信自己能够完成任务。

自卑型心态：对自己的能力缺乏信心，容易自我否定。

抗压型心态：能够有效应对压力，保持冷静和理智。

脆弱型心态：对压力的承受能力较弱，容易被压力打败。

开放型心态：对新事物和变化持开放态度，愿意接受和适应。

保守型心态：对变化持谨慎态度，倾向于维持现状。

二、把握“心晴”金钥匙

1. 认知调整转念想

人生不如意事十有八九，面对困境时，我们如何做到将消极念头转为积极念头呢？

一位白手起家的商人，因经济不景气欠债累累，心情郁闷地在河边散步，遇到一个少女在河边哭泣。少女说：“我跟男朋友分手了，我觉得我什么也没有了。”商人反问：“那你没有男朋友之前有什么？”少女一听，顿悟，觉得现在跟没谈恋爱之前也没损失什么，反而有了一些人生体验。商人也由此反思，想起自己曾经白手起家的日子，重新振作起来。这个故事说明，一个转念，可以改变很多。

俗话说："物随心转，境由心生。"很多时候，不是世事太复杂，而是我们的心念太纷繁。生活中凡事都有好坏两面，面对困境时，觉察自己的消极念头，学着转变成积极念头，换个角度思考，也许就能走出困境。

以下是"转念法"的技巧，帮助你通过新的思维方式转变认知，更好地调整心态：

（1）反向思维：从负面到正面

当你遇到一个看起来很糟糕的情况时，试着从相反的角度去思考。

示例：小明计划周末去郊外露营，但周末突然下起了大雨。他很沮丧，觉得"运气太糟糕了，我的计划全泡汤了"。

小明尝试从相反的角度去思考这个问题。他不再把下雨看作是"计划失败"的原因，而是反过来想："下雨虽然让我不能去露营，但也许这是让我放松和休息的好机会。"

想一想

我们在日常生活学习中，有哪些情况，使用"反向思维"能让自己得到释怀。

（2）重新定义问题

当你觉得某个问题很棘手时，尝试重新定义它，让它看起来不那么可怕。

示例：老师布置了一个难度很大的任务，你可以把“这是不可能完成的任务”的定义转变成“这是一个需要分步骤解决的有挑战的任务”的定义。

（3）换位思考

试着从对方的角度看待问题，或者把自己当作旁观者，客观地分析情况。

示例：和朋友吵架时，试着站在朋友的角度想一想，也许会发现自己的问题。

（4）设定最坏结果

想象最坏的结果，然后思考自己是否能够承受。如果可以，那么当前的困境就显得不那么可怕了。

示例：担心面试失败，那就想想最坏的结果——没被录取。但即使没被录取，自己也不会失去什么，反而可以总结经验。

（5）用幽默化解

用幽默的方式看待问题，可让情绪变得轻松。

示例：在聚会上，大家的话题很少，气氛有些尴尬。小张突然拍着肚子说：“我这肚子咕咕叫，是不是在提醒我，今天没交‘午餐税’，所以它要‘罢工’了？”大家被逗得哈哈大笑，气氛瞬间轻松。小张接着说：“要不这样，我先去厨房‘交税’，顺便给大家带点‘福利’！”说完，他起身去准备午餐，大家也纷纷加入帮忙，聚会气氛一下子热闹起来。

（6）时间的视角

从长远的时间维度上看待问题，很多当下的困境在未来可能根本不值一提。

示例：遇到挫折，转念一想，这只是人生中的一小段经历，未来还有很多机会。

趣味体验营

转念练习游戏

活动准备：

将参与者分成若干小组，每组6人，每组选出一位组长和一位记录员，组长负责组织，记录员负责记录每位组员转念后的想法。

活动规则：

每个小组围成一个圈，组长从以下练习题中随机抽取一题大声宣读，每个组员针对同一道练习题，从所学的技巧中选一种来转念，说过的方法不能重复。（可根据时间决定练习几道题）

练习题：

1. 我对目前所学的课程不太感兴趣。
2. 即将面临毕业，我还没找到工作，感到很迷茫。
3. 今天老师在班上批评了我，我特别没面子。
4. 父母并不理解我。
5. 我和他们玩不到一起。
6. 我被最好的朋友欺骗了。

讨论：

1. 在这个活动中，你对哪位同学的转念印象最深？
2. 在这个活动中，你得到了什么启发？

2. 感恩练习发现美

感恩是一种积极的心态，它能引导我们将注意力从生活的不足转向已有的美好事物。当我们专注于感恩时，便更容易发现生活中的美好，而不是总陷入抱怨和不满之中。这种积极的转变，有助于我们以更加平和的心态面对生活。

当我们专注于生活中值得感激的事物时，内心的压力和焦虑会显著降低。感恩能够增强我们的满足感，让我们更加清晰地看到自己已经拥有的幸福，从而减少对物质和成就的过度追求。这种满足感不仅让我们更加珍惜当下的生活，还能帮助我们在面对困难时保持乐观。

感恩使人们更易从挫折中迅速恢复，并从中探寻成长的契机。感恩不仅能有效助力我们应对生活中的种种挑战，还能显著增强我们的心理韧性，使我们在面对困境时更显从容。

心理韧性

心理韧性是指个体在面对逆境、创伤、压力或其他重大生活挑战时，心理能够积极适应的能力。它是一种心理上的“弹性”，使人们能够在困境中保持积极的心态，甚至从挫折中成长和获益。

此外，感恩还对我们的身心健康有着积极的影响。一项研究发现，睡前进行感恩练习的人入睡时间更短，睡眠质量也更好。

因此，感恩不仅是一种积极的生活态度，更是一种有助于我们塑造稳定健康心态的重要方式。

知识加油站

小小的事，大大的幸福

心理学家罗伯特·埃蒙斯通过试验发现“感恩干预”能增进积极情感。他将参与者随机分组：第一组参与者每周记录 5 件体验到感恩的事情；第二组记录每周的麻烦事；第三组记录中性的事情。连续 10 周，所有的参与者都需要记录下对生活的整体感受、对下一周的期望，并对每周的社交关系进行评估。

试验结果表明：与第二、第三组相比，第一组参与者对生活普遍感觉更加良好，对未来一周感觉更乐观，与他人的关系感觉更亲密，获得了更多的积极情感，消极情感也随之减少。

接下来，我们将学习如何通过感恩练习来塑造稳定而健康的心态。

感恩练习

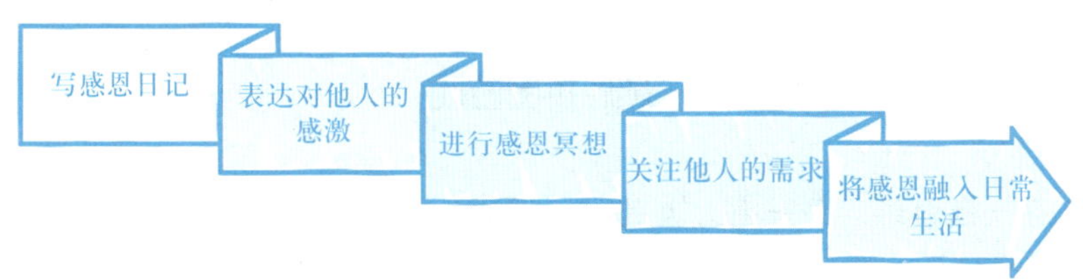

（1）写感恩日记

每天花几分钟时间，写下当天值得感恩的三件事。这些事可以是小事，如一杯美味的咖啡、朋友的关心等。这样做有助于培养知足感恩的心态，提升对生活的满意度和幸福感。

（2）表达对他人的感激

选择一个你感激的人，用发信息、写信、通电话等方式表达你的感激之情。这会让你体会并珍惜他人对你的帮助，还能增进与他人的感情。

写一写

给你想表达感谢的人发一条信息，表达自己的感激之情。

（3）进行感恩冥想

找一个安静的地方，坐下来，专注于呼吸，回想那些让你感到感激的人和事，感受内心的温暖。这有助于感受内心的平和与幸福感。

（4）关注他人的需求

通过关注他人的需求，体会帮助他人带来的满足感。这有助于培养感恩和助人的心态，增强自尊心和自信心。

（5）将感恩融入日常生活

将感恩练习融入每天的生活，如起床时感恩新的一天的到来，让感恩成为一种习惯，提升整体的生活质量和幸福感。

感恩拼图游戏

准备一张白纸，画一个大大的心形图案，然后将其分割成若干小块（拼图块）。

每天在其中一块上写下一件值得感恩的事情，直到拼图完成。

完成后，你会发现自己生活中有许多美好的事物，幸福感满满。

3. 自我调整巧暗示

暗示是一种强大的心理工具，通过积极的自我暗示和环境调整，可以帮助人们更好地管理情绪、增强自信心，提升心理韧性。在日常生活中，通过简单的语言、行为和环境改变，可以显著改善心态，从而更积极地面对生活中的各种挑战。下面介绍一些心理暗示的方法，可以帮助我们改变心态。

心理暗示

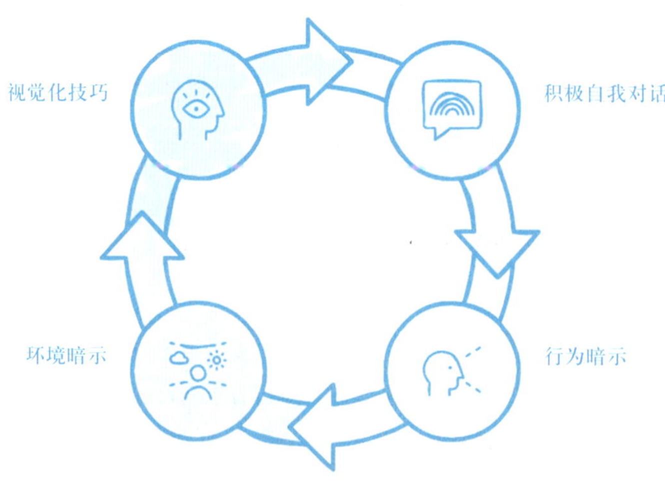

（1）积极自我对话

使用积极的语言和自己对话，如“我现在很幸福”，这有助于大脑将积极心理状态视为现实。每天重复这些语句，最好在早晨起床或睡前进行。

（2）行为暗示

保持积极的肢体语言，如挺胸抬头、微笑等，这些习惯动作有利于形成积极心态。

（3）环境暗示

改善居住环境，多在宽敞明亮的区域活动，用绿色和蓝色等舒缓的颜色装点环境。在墙上贴上积极的文字或图片，提醒自己保持积极心态。

（4）视觉化技巧

想象自己获得成功的场景，越丰富越好，增强实现目标的信心。

实践与应用

笑对小错

在我们的生活中，不可避免会犯一些小错，请在这个活动中，体验笑对小错。

一、活动阶段

1. 20 人为一个活动组。

2. 站成一列，按顺序报数，每个人必须牢记自己的数字。

3. 第一个人大声说出一个数字，被叫到的人立即说出下一个数字，报数字时不可以停顿。所报数字不能是自己的数字、不能与前一人说出的数字相邻、不能是队伍中不存在的数字。

4. 报数字停顿或报错数字的人走到队尾，此时队伍需要重新按顺序报数。

5. 报错数字的人，不能皱眉，必须笑着举起右拳，高喊：“加油！”所有的其他同学必须为他鼓掌。

二、总结阶段

1. 犯错后你有什么感受？笑着面对小错误是否轻松许多？

2. 犯错后笑着面对，所有人都为你鼓掌时，你有什么感受？

3. 你对自己犯的错误有怎样的认识？

4. 看到别人犯错，你什么感受？

拓展与延伸

写心理日记是一种有效的自我反思和心态调整方法。通过记录自己的情绪、想法和行为，我们可以更清晰地了解自己的内心世界，从而更好地调整心态。可以选取各种与心理活动相关的主题。

心理日记的写作要点：

真实记录：写下你的真实感受，不必在意语法或格式。

情绪分析：思考情绪的来源，是什么触发了这种情绪。

调整方法：记录你调整心态的方法及其效果。

总结反思：总结过往，思考下次遇到类似情况时可以如何应对。

通过坚持写心理日记，你可以更好地了解自己的情绪特征，找到适合自己的心态调整方法，从而更从容地面对生活中的各种挑战。

案例：情绪探索与释放

主题：今天的情绪

一、记录内容

今天我感到很焦虑，因为学习上遇到了一些问题，进度不如预期，我担心会被老师批评。这种焦虑让我一整天都心神不宁。

情绪分析：我问自己：为什么我会这么担心？是因为我真的做错了什么，还是因为我不够自信？我想，可能更多的是后者。我总是对自己要求很高，一旦遇到挫折，就会怀疑自己的能力。

调整方法：我试着深呼吸，告诉自己："这只是一个小挫折。"当我这样想的时候，焦虑感似乎减轻了一些。我决定今晚早点休息，明天以更积极的心态去面对问题。

二、总结反思

情绪识别：通过记录，我意识到自己的焦虑主要来源于我对失败的恐惧和不自信，今后我会留意面对失败时如何放松及提升自信。

情绪调节：通过自我对话和深呼吸，我学会了用更积极的方式应对焦虑。

请依据本课你所学习的内容，写“心灵晴雨”日记。

“心灵晴雨”日记

今日主题	
日期	
记录内容	
情绪分析	
调整方法	
总结反思	

探究活动

心情小剧场

一、活动目标

1. 在活动中提高对情绪和心态的感知和分析能力。
2. 在活动中加强对不合理认知的识别，纠正不合理认知。

二、活动准备

1. 以小组为单位编写剧本，排练故事。

2. 故事要点：小李参加社团面试，落选了，整天闷闷不乐、无精打采。他以前最喜欢打篮球了，三人篮球赛马上就要开始，几个好同学邀请他一起组队参加，这时候，他是怎么应对的？

3. 演绎要求：突出主角对事件的想法、情绪的表达、心态的变化。

三、活动步骤

1. 以小组为单位，演绎本组的故事。

2. 就每组的故事进行讨论：

（1）演绎的情绪类型、情绪表达方式。

（2）小李对事件的认知中哪些是不合理的，该如何纠正？

（3）判断小李的心态是积极的还是消极的。

四、活动评价

学生评价：各小组互相打分并简要说明理由。

教师评价：教师结合相关知识点进行点评。

五、活动总结

学生结合活动内容，梳理自身在情绪感知、认知识别方面的收获与不足。

第四单元

习惯与自律

业精于勤，荒于嬉。

——韩愈

当闹钟响起时，你是立即起身迎接新的一天，还是按下五分钟后再响的按钮？这些日常的小选择，是习惯的体现。

习惯有好有坏，能助你成功，也能让你失败。

如何才能培养出那些让我们不断进步的好习惯呢？答案就藏在“自律”这把钥匙中。掌握自律的方法，你就可以拥有更多的好习惯。

第一课　养成良好习惯

学习目标

1. 理解良好习惯对个人发展的促进作用，并能结合实例从身体健康、学业效率、社会适应三个维度说明养成良好习惯的重要性。

2. 能够结合自身实际确定良好习惯养成的目标，并且能够根据二八法则，选出最迫切需要养成的习惯。

3. 能够灵活运用一键启动法、五分钟起步法、限时驱动法、微习惯点燃法激发执行力，逐步养成高效落实任务的好习惯，增强实现目标的信心。

4. 能够通过可视化提示、同伴支持、工具辅助和正向激励等方式促进良好习惯的养成。

知识框架

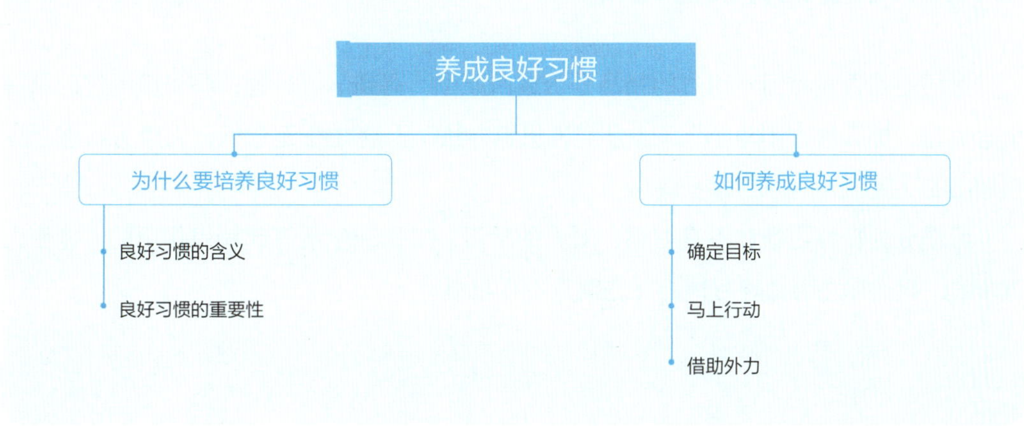

案例启思窗

黄柏和罗强是一对好同桌，但是他们两人做事习惯不一样。黄柏做事喜欢把“差不多”挂嘴边，罗强则是一个勤勉自律、严格守纪的人。现在他们走上工作岗位，开启了各自的职业生涯。

刚进入地铁控制中心实习的黄柏被安排到控制室担任调度员，主要工作是上传下达，及时传递准确信息。有一次，地铁因故需要晚发车一分钟，黄柏本应马上通知各相关部门进行应急调整，但当时黄柏正在找资料，五分钟后才通知，差点酿成大祸。黄柏因此被调离岗位。

罗强刚入职一年就获得了公司年度优秀员工的荣誉，这让有些资历更深的员工心生不满，觉得自己和罗强的工作能力差不多，凭什么罗强能拿优秀。经理说，罗强在这一年中，每日最早到岗、最晚离开，工作表现无可挑剔，反观那些提出疑问的员工，却时常迟到，面对问题仅会抱怨和推卸责任。

思考：

1. 黄柏和罗强各有什么习惯？
2. 这些习惯如何影响他们的生活？

一、为什么要培养良好习惯

进门前是否先敲门？用过的物品是否放回原位？遇到学习难题，脑海里闪过的第一个念头是“那么难，不写了”，还是“再想想办法”？这些在无意识、无压力状态下自然做出的反应，我们称之为习惯。

习惯分为良好习惯和不良习惯，对人的学习、工作和生活等起积极作用的，能使人进步的，我们称之为良好习惯；反之则是不良习惯。

故事百宝箱

杨利伟，中国进入太空第一人，他的成功离不开多年养成的良好习惯。

杨利伟深知身体素质对航天员的重要性，因此他一直保持着健康的生活习惯。他不抽烟、不喝酒，坚持规律作息，每天进行体能训练，确保自己在高强度的训练和飞行任务中保持最佳状态。

在航校，他养成了细致严谨的习惯。每次飞行训练前，他都会在脑海中像播放电影胶片一样，将操作程序预演一遍，确保从起飞前的各项检查到飞行中的每一个动作，再到降落的步骤，都清晰准确。这使他能够在每个飞行科目中率先获得独立操作的资格。

毕业后，在一次飞行任务中，杨利伟碰上了严重的“空中停车”故障，发动机突然不工作了，他依靠平时对程序的熟练掌握，沉着应对，最终安全降落。

成为航天员后，他将一直以来养成的“程序化思维”习惯推向极致。他不仅在操作前“走程序”，训练结束后还会在脑海中“复盘”，就如同精密的仪器自我校准一般。他把飞船舱内的电门、仪表图标贴满宿舍墙，反复记忆，闭着眼都能准确说出它们的位置。为了更好地训练，他用摄像机记录模拟舱内的操作情况，利用碎片时间强化记忆。

思考：是哪些良好习惯，成就了杨利伟的航天传奇？

杨利伟的故事向我们证明，良好习惯并非无足轻重的小事，它能在关键时刻发挥巨大作用，引领我们跨越障碍，实现目标。

下面我们通过一张表格，一起探索良好习惯给我们带来的益处。

序号	问题	我的回答
1	你拥有什么好习惯，这些习惯对你有哪些帮助？	
2	你认为哪些习惯能帮你更快掌握专业技能？	
3	良好习惯对你的未来职业发展有何影响？	
4	从你已经拥有的好习惯中挑选一个并坚持十年，想象一下十年后的你会变成什么样的人？	

良好习惯就像是银行账户里的存款，随着时间推移，收益越来越多。你会因文明礼貌获得他人的认可，会因专心致志收获丰富的知识，会因善于反思实现稳步成长。在学习与生活中，良好习惯不仅能促进个人的身心健康，还能对个人的未来发展产生积极的影响，让人终身受益。

读一读

积千累万，不如养个好习惯。

——叶圣陶

二、如何养成良好习惯

1. 确定良好习惯养成目标

良好习惯的养成要靠科学的自我管理方式。技能人才若有良好习惯傍身，就等于给自己增添了实力，为自己打开了局面，创造了更多机遇。培养良好习惯的第一步，是确定应该养成哪些良好习惯。

在保持身体健康和充沛的体力方面，我们要养成科学饮食、坚持锻炼、合理安排作息的习惯。“一张一弛，文武之道也。”个人生活同样需要张弛有度、劳逸结合。

在掌握知识和提升技能方面，我们要养成制订学习计划、专注实践操作、定期复盘总结的习惯。制订学习计划有助于我们明确学习目标，合理安排时间，确保每个阶段的任务都能有序完成；专注实践操作能让我们在动手过程中更好地理解和掌握技能，提升操作能力；定期复盘总结则有助于我们发现问题，及时改进，巩固所学知识。这些良好的学习习惯将使我们的学习更加高效，助力我们逐步成长为优秀的技能人才。

在确保思维的高效性方面，我们要养成辩证思考、科学推理和灵活变通的习惯。辩证思考能帮助我们客观分析信息，避免盲目接受；科学推理能确保我们正确分析问题，避免思维混乱；灵活变通能让我们在面对变化时迅速调整思路。这些习惯将使我们更高效地应对各种挑战。

在做事情的成效方面，我们要养成提前规划、做事有条理、注重细节的习惯。这些习惯能帮助我们认清目标，分清主次，提高效率，减少遗漏。

以上是普遍意义上的好习惯。当然，每一个人都是独立的个体，有自己独特的需求，面对的情况也存在差异，只有确定符合自身发展需要的习惯养成目标，才能在良好习惯培养过程中真正受益。

良好习惯的种类有很多，试归纳自己需要养成的良好习惯，将具体内容填入下面的表格。

习惯分类	具体描述
良好的学习习惯	
良好的思维习惯	
良好的生活习惯	
良好的职业习惯	

上文已分门别类地列举了良好习惯，你可以采用“二八法则”，从中挑选你想要养成的习惯，并按照优先级进行排序。

2. 马上行动，锻炼执行力

故事百宝箱

玲玲的实习岗位是秘书，去实习前她觉得自己掌握的技能和知识还不错，应该可以胜任实习工作。然而，到岗后她很快发现自己蹩脚的英语影响了工作效率。于是，她决定养成每天坚持学习英语的习惯，尽快弥补不足。

但是实习工作很忙，空闲时间少，怎么办呢?

玲玲是这样做的：早上6点闹钟一响，她马上打开手机，通过英文频道练习听力，一边听一边洗漱；等公交车时，她翻阅自己记录的生词本；睡觉前，她会朗读一篇英语短文。

思考：玲玲每天工作这么忙，为什么还要坚持每天学习英语的习惯?

培养良好习惯就要做行动派，让行动成为习惯，离成功就不远了。

（1）一键启动法

开始培养习惯时，我们可采用一键启动法，通过刻意练习来锻炼执行力。

可选择某个时间作为行动开关。比如，早上6点、下午1点或者晚上9点，时间一到，马上行动。这些时间点通常是不受打扰的。到了这个时间，应放下手上其他事情，立即行动。

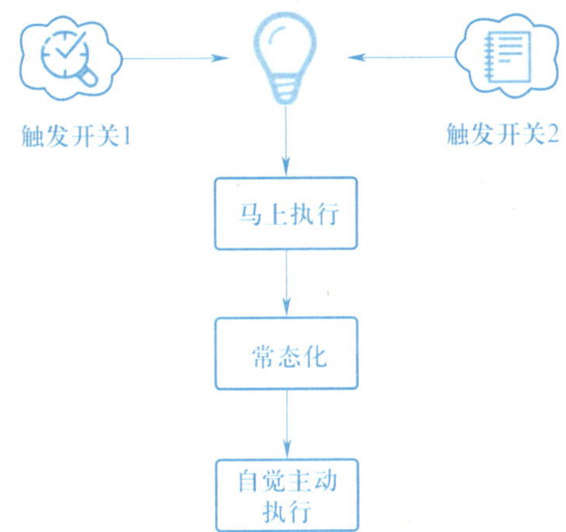

可选择某个事件作为行动开关。比如，等公交时、刷牙时或者晚饭后。

习惯的养成都是从刻意练习开始的，一键启动法可以为我们发出清晰的行动指令，促使我们形成行为惯性，养成属于自己的好习惯。

（2）五分钟起步法

拖延是执行路上的绊脚石，阻碍我们前进的步伐。而克服拖延的关键在于“始”，“五分钟起步法”正是一个简单而有效的策略。

“五分钟起步法”是指规定自己仅需要开展行动五分钟，之后可以选择停下来或继续做这件事。这种方法的主旨在于降低行动开始时的心理门槛。当我们设定“五分钟即可停止”的退出机制时，大脑接收到的是“就做五分钟”的简单信号，大脑对目标完成的压力会大大降低，从而克服内心的畏惧和惰性，产生即刻行动的指令，而实际执行中，我们会发现，因行动的惯性，执行持续的时间往往超过预设时间。

想象一下：

“每天坚持阅读”不再遥不可及，而是只“读五分钟”。

“每天健身”不再是沉重的负担，而是只“锻炼五分钟”。

“每天做专业技能训练”不再枯燥，而是只“训练五分钟”。

克服拖延并不是一蹴而就的，但通过五分钟起步法，我们可以有效缓解心理上的畏惧，勇敢地迈出第一步。不要小看这短短的五分钟，它可以帮助我们启动一项看似困难的任务，能够激发我们持续行动，逐渐摆脱拖延的困扰，帮助我们培养良好习惯。

当然，在这五分钟里，我们要全神贯注地投入学习或实践，用身体行动带动思维转变，形成“行动—专注—持续”的正向循环。随着行动

的持续，内心的畏惧和惰性也会逐渐消散，取而代之的是成就感和自信。

（3）限时驱动法

限时驱动法可以用来强化执行力，进而培养良好的习惯。这种方法更侧重于利用时间的限制来建立紧迫感，借助时间的力量促使我们立即行动。

实施限时驱动法，先要为每个任务设定一个具体的完成时间。例如，决定在半小时内完成一篇短文，或者在十分钟内整理好办公桌。这种时间限制能够促使大脑进入“倒计时”模式，从而让我们集中精力、迅速行动。

如果任务难度大，我们可以将大任务分解为多个小任务，并为每个小任务设定倒计时。例如，准备一场技能竞赛时，可以将比赛日期作为最终截止日期，然后将任务分解到每月、每周、每日。此外，还可以利用工具进一步增强紧迫感，这些工具能够时刻提醒你任务的紧迫性，帮助你保持专注。

写一写

观察身边同学的工具使用习惯，记录你认为最有趣的提醒方式，并尝试体验其中一种。

____

（4）微习惯点燃法

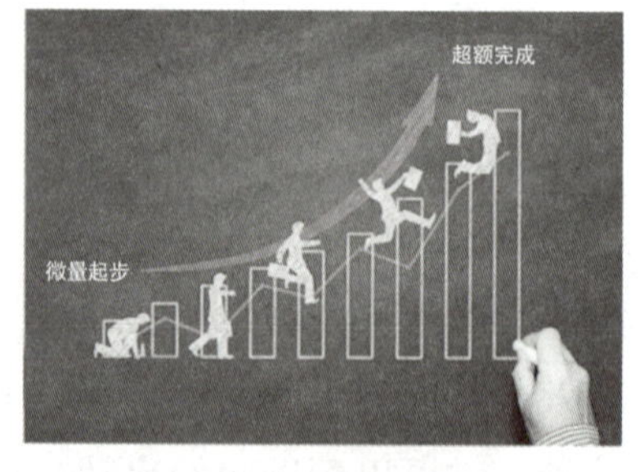

在培养良好习惯的过程中，我们可能会遇到一些挑战。例如，任务繁重或时间紧迫时，我们可能会感到焦虑和压力；目标难度太大时，我们会陷入“无法开始”和“难以坚持”的困境。为了应对这些挑战，我们可以采用微习惯点燃法，将大目标拆解成极其细微的行动，这些步骤微小至极，无须动用意志力就能轻松完成。

正如老子所言：“天下难事，必作于易；天下大事，必作于细。”设定目标时，我们要遵循“微量起步”的原则，从简单易行的小事着手。比如，每天只做一个俯卧撑，每天比平时早起两分钟整理床铺，每天只撰写一句关于成功或失败的体会。这样既能降低养成习惯的门槛，又能让我们在不经意间超额完成时获得成就感，从而增强自信心和动力，使坚持变得更为容易，目标实现也更为可期。

我们稳步前行的关键在于持之以恒，保持足够的耐心与坚韧，不急于求成，也不苛求完美，通过日复一日地重复练习，让良好的习惯自然而然地融入我们的日常生活，成为生活不可或缺的一部分。

趣味体验营

1. 写下你现在最想养成的习惯：________________________________

____

2. 运用上述四个小技巧，培养你现在最想养成的习惯。请写下你的方案。

一键启动法	
五分钟起步法	
限时驱动法	
微习惯点燃法	

3. 借助外力，促进良好习惯养成

良好习惯养成是一个长期的过程，只有将个人的内在动力和外部监督力量结合起来，才能获得更大的推动力。

（1）让良好习惯目标显而易见：公开承诺

我们可以借鉴时间管理中的方法公开承诺并请求他人监督：可以在宿舍张贴目标宣言；可以每天在朋友圈打卡，告诉尽可能多的人；也可以请一位你认为最重要的人

来监督自己的行动。当他人对我们产生期待的时候，我们更容易专注自己的行为，时刻绷紧坚持的弦，避免半途而废。

（2）让良好习惯变得有吸引力：寻找榜样与团队

我们要找准榜样，加入“战友圈”。那些在各自领域取得突出成就的人或许离我们生活有点远，但我们可以从身边寻找榜样，他们可以是你的朋友、家人、老师或长辈。了解他们是如何坚持并养成良好习惯的，从他们身上汲取能量。

我们还可以寻找志同道合的伙伴，抱团努力，比如组建兴趣俱乐部、良好习惯养成小组、健身小分队、技能提升战队等，共同讨论和解决问题，或者向老师请教，获取更多的指导和建议。在每日行动中相互鼓励和促进，让良好习惯养成之路变得更加轻松和有趣，一同实现良好习惯养成目标。

（3）让良好习惯变得更容易形成：利用工具

在良好习惯养成的过程中，善用合适的工具可以降低行动阻力，增强持续动力。工具的作用是“放大个体能力”，它通过可视化、数据化或便捷化的方式，助力我们更轻松地开始、更持久地坚持良好习惯，让良好习惯养成变得更加轻松且高效。

我们可以依据自身需求选择合适的工具。现在，请根据以下功能说明，填写你计划使用的工具名称，并说明选择理由。

辅助工具功能	工具类型提示	具体工具	选择理由
直观记录进度	打卡工具		便于随时查看和记录进度，增强成就感
定期回顾反思	日记类 App 语音记录工具		
个人财务管理	记账类 App		
碎片化阅读	阅读类 App		
睡眠与运动监测	智能穿戴设备 健康管理 App		

（4）让习惯有约束：建立奖惩机制

良好习惯养成需要自我约束，但并非刻板限制，达到目标时要及时给予肯定。例如，如果今天超额完成指定目标，你可以奖励自己去看一场电影，建立正向关联，切身感受到实现目标的满足感和成就感。若未完成目标，则要有适当的惩罚措施：可以加大明天的任务量，或者禁止自己做某件喜欢的事。无论奖励还是惩罚，其目的都是制定规则，并通过遵守规则来实现目标。

说一说

你还可以通过哪些外力来督促自己养成好习惯？

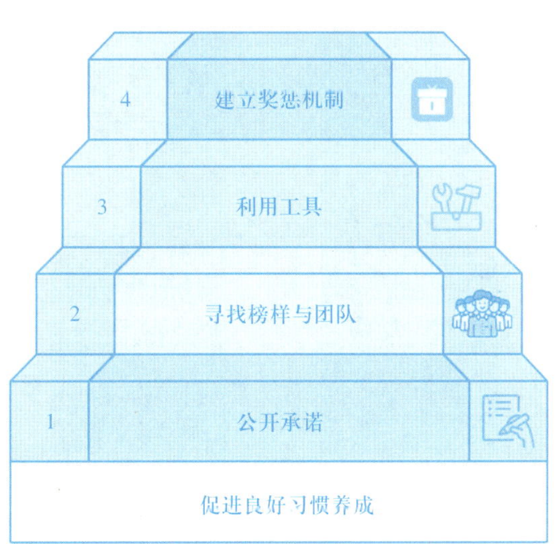

良好习惯养成是一个从陌生到熟悉，从量变到质变，最终实现的过程。良好习惯一旦养成，就需要坚持。任何找借口的松懈，都有可能使已经养成的好习惯退化，甚至退回到良好习惯养成之前的状态。所以，在良好习惯养成之后，要不断探索升级、不断强化，让良好习惯更加稳固。

实践与应用

请你为自己选定一个要养成的良好习惯，先将其细化为你毫不费力就能坚持的微习惯，再写出养成这个习惯将获得的收获。如下图：

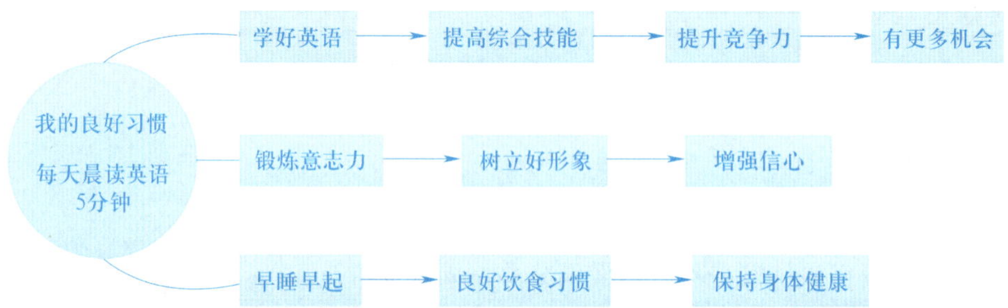

请你也来试一试吧！

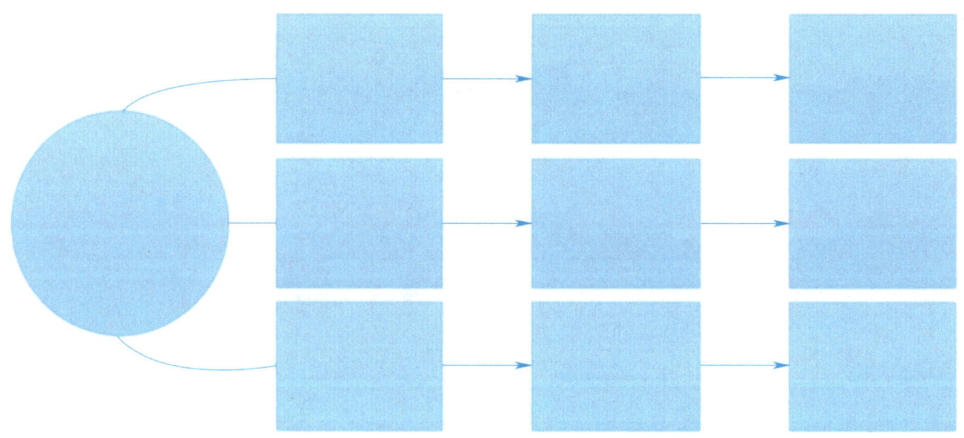

拓展与延伸

养成锻炼身体习惯的清单

良好习惯的形成大致分为五个阶段：起跑期、疲惫放缓期、过渡期、颠簸期、稳定期。下面以养成锻炼身体习惯为例，撰写一份习惯养成清单：

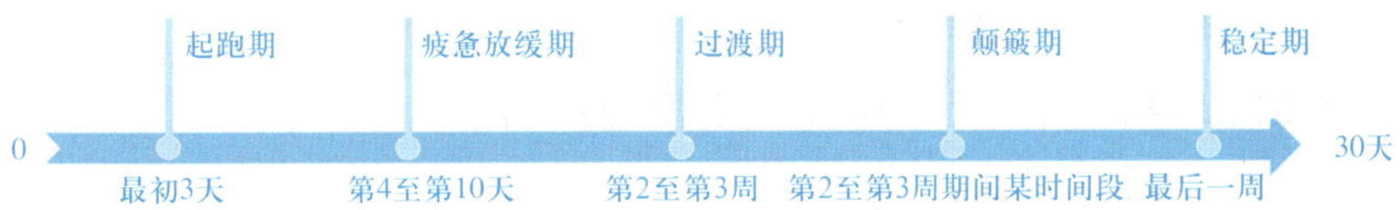

一、内容与目标

内容：锻炼身体。

目标：每天锻炼 30 分钟，保持身体健康，心情愉快。

二、实施阶段

◆起跑期（最初 3 天）：起跑期很关键，要十分刻意提醒自己坚持行动。

对策：从小目标着手，每天运动 5 ～ 10 分钟。

◆疲惫放缓期（第 4 至第 10 天）：这个阶段很容易出现“三分钟热度”，容易放弃。

对策：简单记录。

每天记录锻炼目标完成情况，可以用检查表、日历、记事本等，只记录完成目标“√”和未完成目标“×”。

◆过渡期（第 2 至第 3 周）：只要过了这个阶段，习惯就相对容易坚持下去了，此阶段要时刻提醒自己不要放弃以上阶段的努力，继续加油，坚持到底。

对策 1：逐步提高锻炼目标要求。

第 2 周开始坚持每天运动 10 ～ 15 分钟。

第 3 周开始坚持每天运动 20 ～ 30 分钟。

对策 2：设定适当锻炼模式。

固定每天锻炼的时间，如下午放学后（16:30—17:00）。

◆颠簸期（第 2 至第 3 周期间某时间段）：这个阶段可能会因突发状况，找借口中断行动，如感到疲倦、临时有事、心情低落等。

对策 1：设定例外规则。

如遇突发状况，可以缩短锻炼时间，如改成散步 15 分钟；可以寻求替代项目，如改成室内平板支撑 15 分钟。这样做能减轻不必要的压力，使行动得以坚持下去。

对策 2：设定持续开关。

达到目标时，定期奖励自己，以推动自己继续行动；没达到目标，可以利用小处罚来击退借口；也可以找到志同道合的人，约定一起锻炼。

对策 3：添加变化，以崭新的心情重新出发。

如改变跑步路线，更换运动场地，改变锻炼方式等。

◆稳定期（最后一周）。

对策 1：遵守自己设定的目标门槛。

持之以恒地坚持，每天一定要在 16:30—17:00 坚持锻炼身体。

对策 2：享受小成长。

确实感受到身体的变化、精神面貌的改变、情绪的变化、工作效率的提高等。

对策 3：计划下一个良好习惯。

培养早睡早起的习惯。

三、总结阶段

养成好习惯很难，但只要坚持，就一定能成功！

良好习惯养成情况记录表

日期	按时完成	延时完成	未完成	给自己的建议

良好习惯养成的结果评定：

奖惩机制：

我的调整策略：

备注：按时完成打“√”，延时完成打“○”，未完成打“×”。结果评定分为：完全养成、基本养成、未养成。

第二课　提高自律能力

学习目标

1. 能理解自律的定义，并能结合职业自律说出至少 3 种职业越界行为。

2. 通过说出“慎独、慎始、慎微、慎小”在生活中运用的例子，体会职业自律的现实意义和价值。

3. 通过活动体验和案例分析，意识到提高自律内驱力的重要性。

4. 能运用分析目标价值、权衡得失、转移注意力、让诱惑为我所用的方法应对诱惑，提升自律能力。

知识框架

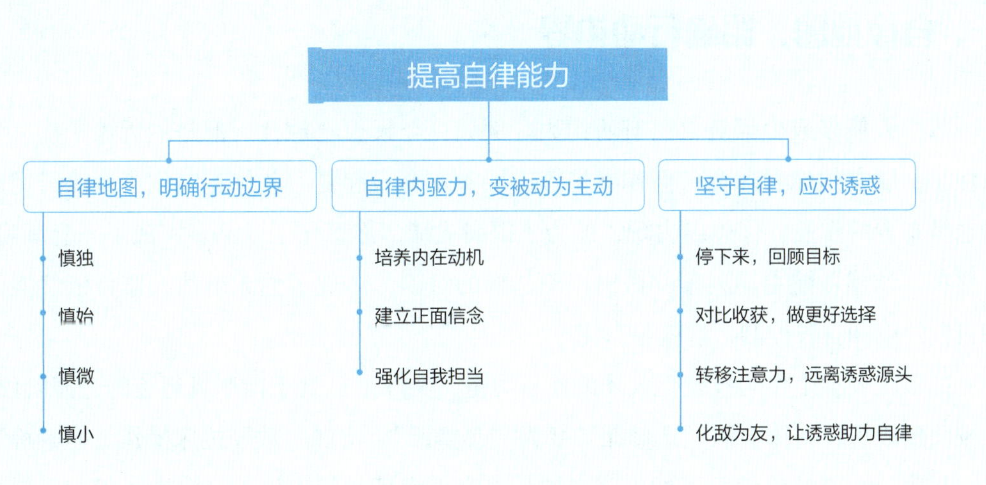

案例启思窗

学校举办创业实践项目，王力和徐青都信心满满，认为自己能完成这个项目。于是，王力和徐青分别组建了项目组。一开始两组成员都热情高涨，积极完成项目方案设计，并且都制订了详细的实施计划。

两周后，王力小组每天按照计划完成规定任务，小组成员也每天坚持向王力汇报实施进度，因此，该小组顺利完成了实践项目，验收合格后获得了丰厚的奖励，小组成员们欢呼雀跃。

徐青小组的组员们在开始的第一周里都能够按计划完成任务。一周后，组员看见其他同学放学后可以去运动、玩耍，也想要放松一下。于是，组员纷纷放下未完成的工作，有的和同学去打球，有的周末去爬山……第二个星期很快过去了，小组还有很多实践活动没有完成。他们的实践项目最终宣告失败。

思考：

1. 你从王力组和徐青组的表现中想到了什么？

2. 你怎么理解徐青小组的“劳逸结合”？

一、自律地图，明确行动边界

每个人或多或少都对自己有所约束。例如：今天想吃辣食，但是最近嗓子痛，你忍住了；朋友约你看球赛，但你事先答应了室友要一起复习，你克制住了；已经完成了老师布置的作业，你想出去玩，但为了提高成绩，你忍住了，又多完成了一套练习。这些在“诱惑”前主动刹车并做出正确选择的时刻，体现了你无须他人监督依然能保持自我约束和自我控制，这就是自律。

技工院校学生作为技能型人才的储备力量，实际上已处于向职场迈进的过渡阶段。从校园到职场，自律会从“选修课”变为“必修课”。比如，数控机床操作员偷懒跳过热机程序，可能让价值百万的刀头崩裂；美容师为赶时间省掉工具消毒步骤，可能会导致顾客面部皮肤感染；焊工少戴 3 秒护目镜，可能发生飞溅的火星烧穿眼角膜的安全事故。职业自律就是要明确职业行为边界，提前认清这些“警戒线”，知道哪些行为是允许的，哪些是禁止的。

如何做到职业自律？记住这四个“慎”，能让你在职场不踩雷。

1. 慎独

自律是独处时的“隐形监考老师”，代表着无人监督下的清醒状态——慎独：每次上完实训课，即便老师不在场，你都会主动把实训室的工具放回原位。这种“没人看见也守规矩”的自觉，是深入骨子里的职业习惯。

读一读

◆“天知，神知，我知，子知，何谓无知！”

——杨震

2. 慎始

自律是对即将破例果断踩下急刹车——慎始：烹饪专业实习时，你的实习搭档提议用隔夜食材煮高汤，你坚持倒掉发黏的骨头并重新备料、焯水。放纵就如同滚雪球，一旦第一次妥协，不良后果就会像雪球一样越滚越大——职业底线必须从一开始就牢牢坚守。

3. 慎微

自律是用显微镜审视工作漏洞——慎微：数控加工时发现材料有 0.05 毫米的翘曲，若觉得“反正肉眼看不出来”“差不多就行了吧”，而后选择继续加工，当整批零件装配不上的时候，客户可不会听你解释。0.05 毫米的误差在高精度加工中绝非“差不多”——它可能是良品与废品、安全与事故的分界线。

4. 慎小

自律是为小事装上“品格放大镜”——慎小：汽修实训时，同学递来一颗顺手带出实训室的螺钉并说：“反正不值钱，拿回去修自行车呗。”你摇头拒绝。这种“再小的东西也不占便宜”的坚持，就如同在多米诺骨牌前挡住第一块即将倾倒的牌——职业操守的第一粒纽扣，必须亲手系好。

趣味体验营

下面我们将通过体验活动一起来界定职业边界，点亮自律之光。请你根据你的专业，设计专属“职业边界说明书”。

数控操作工

可以追求效率，但永远让精度“锁死”在公差范围内。

二、自律内驱力，变被动为主动

你是否经历过这样的场景：自习课时忍不住拿起手机刷朋友圈、短视频？在进行实训操作时，忍不住与旁边的同学聊天？明明制订了学习计划，却总被一些事情打乱节奏？真正的自律并非咬牙坚持的苦差事，而是找到驱动自己的内在引擎。唤醒心底的成长渴望，树立“我能行”的行动信念，强化自我担当的意识，是自律内驱力的关键要素。当你开始主动选择对自己负责，从“必须做”转变为“我想做”，那些看似枯燥的日常训练，就会变成打磨专业技能的磨刀石。

1. 培养内在动机

（1）自律的最大动力是我想要变得更好

故事百宝箱

吴华曾经是技工院校的一名学生。他对学业总是提不起兴趣，迟到、睡觉、上课开小差是家常便饭，日子就在浑浑噩噩中一天天过去，他自己也时常陷入一种不知所措的迷茫之中。

命运的齿轮总是在不经意间开始转动。一次，吴华偶然得知学校即将举办一场至关重要的技能竞赛，而竞赛的第一名将直接获得一家知名企业的实习机会。他敏锐地意识到，这或许就是那个能改变自己命运的契机。

他开始严格要求自己，每天天不亮就起床，锻炼身体。实训室一开门，他就一头扎进去练习技能。每一个动作，他都力求做到精准无误；每一次操作，他都反复琢磨、不断改进。课堂上，他也一改往日懒散，全神贯注地听讲，认真记好每一页笔记。遇到不懂的问题，不再像以前那样逃避，而是主动向老师和同学请教。

日子一天天过去，吴华付出的努力开始有了回报。在那场备受瞩目的技能竞赛中，他凭借扎实的技能功底和出色的现场发挥，一路过关斩将，最终荣获了三等奖。虽然未能如愿进入梦寐以求的企业，但是备赛让他端正了学习态度，懂得了刻苦学习的意义。到了求职投简历的时候，有好几家公司同时向他抛来了橄榄枝，他也就此开启了人生新篇章。

思考：吴华用自己的行动证明，自律的最大动力源于内心对“变得更好”的渴望。你是否也曾有类似的体验？

在技工院校的学习生涯中，每位同学都面临着技能提升、职业规划与未来就业的挑战。自律，正是那把开启成功之门的钥匙。它不仅仅是对时间的管理，更是对自我成长的努力追求。当你内心涌动着“我想要变得更好”的强烈愿望时，自律便从外在束缚转化为内在动力。当你意识到，每一次认真练习、每一次深入思考，都是为了让自己在专业技能上更加出类拔萃，为了在未来的职业生涯中能够独当一面，这种内在动机将成为自律的强大动力。

写一写

1. 你想成为怎样的职业人？

____

____

____

2. 你需要在哪些方面做出改变？

____

____

____

（2）自律的核心要素是爱我所爱

故事百宝箱

小强是技工院校汽车维修专业的学生。起初，他对汽车维修缺乏兴趣，自律性也较差。但在一次偶然的机会中，他观看了一场汽车改装比赛，并在现场目睹了改装后的汽车如何在赛道上飞驰。那一刻，小强被深深震撼，他开始对汽车维修产生了浓厚的兴趣。他开始主动学习汽车维修知识，利用课余时间研究汽车构造，甚至放弃了周末的休息时间去修理厂实习。这份热爱让小强在汽车维修方面取得显著进步，最终成为一名优秀的汽车维修技师。

思考：小强的成长经历告诉我们，真正的自我驱动源于对目标的热爱，而非外在的压力。对于你所学专业来讲，你的热爱源自何处呢？

爱我所爱，做自己喜欢的事，能激发源源不断的动力。自律并非痛苦的自我约束，当你找到自己真正热爱的事物时，无论是专业技能的学习、创新项目的探索，还是团队合作的实践，都将成为美妙的享受，无须外力督促，也能持之以恒。

趣味体验营

体验活动 1：名言品读

知之者不如好之者，好之者不如乐之者。

——《论语·雍也》

捧着一颗心来，不带半根草去。

——陶行知

体验活动 2：模仿例子，结合专业设计我的职业热爱宣言

示例：针尖上的温度（护理专业）

____

____

2. 建立正面信念

正面信念可以提升自律的内驱力。在学习和生活中，面对困难和挑战时，保持积极、乐观的心态至关重要。

你想做好一个模具工件，你想在竞赛中脱颖而出，你还想在今后的岗位中成为技术能手，但天下没有免费的午餐，任何收获都需要付出努力和心血。

刚开始，我们都有雄心壮志，跃跃欲试，仿佛胜利触手可及。然而真实的奋斗历程往往蜿蜒曲折，成功的时刻难以预料。我们需要在此过程中不断自我激励，默念“我能行”，激发内生动力，稳步前行。

顺境时，我们可以通过想象成功后的喜悦和即将收获的益处来增强“我能行”的信心。对自己的能力和前景的认可是激励一个人奋斗的动力。

逆境时，更要充分调动“我能行”的意识，不让任何困难成为阻碍。告诉自己：“困难的出现意味着离成功又近了一步。这些艰难困苦是用来磨炼我们的勇气和能力的。”

趣味体验营

逆境变形记

模仿示例，把下表的挫折情境内心独白及解决方案补充完整：

比赛失误。

画外音：我又搞砸了。

信念介入：这次发现的问题，会是下次突破的关键。我需要更细心。

解决问题：设计纠错检查清单。

性格内向，总是回避发言。

画外音：________________

信念介入：________________

解决问题：________________

相信自己的潜力，坚信通过不懈努力能够克服困难、实现目标，这种信念将帮助我们冲破黑暗，增强信心，提高自律能力，促使我们不断超越自我。

3. 强化自我担当

故事百宝箱

方文墨，一位从航空工业沈阳飞机工业（集团）有限公司（以下简称沈飞）走出的杰出工匠，始终以严苛的自律标准要求自己。

技校毕业入职沈飞时，他便将航空报国的信念刻进心底。为练就顶尖锉修技艺，他每日重复 8 000 多次锉修动作，9 年锉修行程累计超 6 000 千米；业余时间他不放过任何学习机会，购买 400 余本专业书籍，系统钻研理论和专业知识。

为打磨飞机核心零件，方文墨创造了 0.003 毫米的加工公差。这一纪录被称为“文墨精度”。方文墨改进了 60 余项工艺方法，拿下 3 项国家发明专利和实用新型专利，用技术革新为航空制造产业注入动力。

他的自律，早已超越单纯的行为约束，成为扎根内心、驱动他攻坚克难的使命担当。他最终从一名普通技术工人成长为“最美奋斗者”，用匠心诠释了新时代工匠的责任与担当。

思考：你从方文墨的成长历程中得到了哪些启发？

自律，不仅仅是一种行为上的约束，更是一种内心深处的责任感和使命感，这种责任感能够促使我们更加积极地行动起来。在学习、生活中，我们时常会面临各种挑战和诱惑，而自律正是我们应对这些挑战、抵御诱惑的利器。

自律意味着主动承担责任。我们不仅要对自己的学业负责，更要对自己的职业发展、人格塑造负责。要通过积极主动地参与各类实践活动，如技能竞赛、创新项目等，不断挑战自我，拓宽视野，提升能力。在这个过程中，要学会如何在失败中吸取教训，在成功中保持谦逊，不断成长，成为更加优秀的自己。

请模仿下页表中的示例将表格补充完整。

职业	责任	担当行为
汽修技师	按规范检修车辆故障	发现刹车隐患，主动提醒车主立即送检
导游	按行程讲解景点，关注游客安全与舒适度	游客登上游船时，接到暴风雨预警，立即调整行程，确保游客安全

三、坚守自律，应对诱惑

在前面的学习内容里，我们通过唤醒内在动机、建立行动信念，找到了自律的内在引擎，让自律从“必须做”的被动承担转变为“我想做”的主动选择。然而，在我们的工作和生活里，存在着诸多诱惑，它们成为阻碍我们自律的绊脚石，甚至会危害我们的身心健康，更严重时会使我们违背道德准则甚至触犯法律，让我们沦为诱惑的俘虏，偏离正常的人生轨迹。所以，我们要学会正确应对诱惑。

1. 停下来，回顾目标

趣味体验营

目标与诱惑的十字路口：我的选择

下周五要进行专业测试，小俊打算周六进行知识点复习，周日做模拟试题，但是朋友却约他看一场他最喜欢球星的比赛。

请按要求，续写两则故事：

故事 1：去看比赛

要求：描述小俊去看比赛的原因、比赛过程中的心情与体验，以及看完比赛后回到现实，面对测试时的感受与结果。

故事2：忍住了诱惑，留下来复习

要求：描述小俊决定不去看比赛，而是选择复习和做模拟试题时的思考过程；描述其在测试前的准备状态、测试时的表现，以及测试后的心情与收获。

自律的过程伴随着约束、克制，而诱惑总会悄悄出现。被诱惑吸引很可能是因为目标感不强。因此，诱惑出现时，不要急着做决定。先让自己停一停，再次明确自己要达到的目标是什么，现在走到哪一步了。因为明确、坚定的目标能让你心无旁骛地坚持到底，不被诱惑影响和阻碍。

2. 对比收获，做更好选择

诱惑是自律路上的糖衣炮弹，看似诱人，其实是要付出代价的。比如，玩手机时，人们总想着“只看一会儿”“再看一分钟”，然而一旦陷入诱惑，结果往往不是“一会儿”或“一分钟”。时间悄悄流逝，该做的事情却未能完成。这个时候，我们需要做的是将眼前的诱惑和长远的收获进行对比，发现抵制诱惑是更好的选择，就会做到自律。

想一想

请你回忆自己面对诱惑的一次经历，并思考以下问题：

1. 面对诱惑时，你的第一反应是什么？
2. 你最终如何选择？这带来了哪些短期和长期影响？
3. 再遇到类似诱惑，你会调整哪些思路或行动？

短暂的满足远不及长期坚持带来的价值丰厚。完成任务的踏实感、效率提升的成就感，都是抵制诱惑后才能收获的正向反馈，而这种反馈会进一步强化自律的行为。

3. 转移注意力，远离诱惑源头

诱惑无处不在，当它出现时，不必慌乱，我们还可以通过转移注意力和营造诱惑少的环境的方式，远离诱惑源头，实现自律。

在你应该完成练习时，却想着和同学聊天，你可以马上去图书馆学习，避免闲聊。你也可以马上找一位学习能力强的同学，和他一起学习，忽略诱惑，控制住自己的行为。你还可以关掉手机，让自己更加专心致志地投入复习中。

趣味体验营

雯雯进入了备赛的冲刺阶段，下周就要比赛了。但是她耳边总有一些声音让她不能专心练习，请使用转移注意力法，帮她出出主意：

“雯雯，这是新拍的电视剧，超级好看，快来看看啊！”

雯雯应该____

____。

“雯雯，快比赛了，出来放松一下，周末我们逛街去。”

雯雯应该____

____。

保持自律最好的方法就是管理好自己，无论做什么，我们都应尽力而为。工作时全情投入，玩耍时尽情释放，让生活充满收获与欢乐。要做到收放自如，就要提高自我管理的能力，合理安排时间，高效完成任务。

4. 化敌为友，让诱惑助力自律

面对诱惑时，还可以尝试将其转化为自律的“盟友”。通过赋予诱惑新意义并建立奖励机制，我们可以掌控诱惑，实现目标与欲望的双赢。

重新定义诱惑的价值。许多诱惑本身具有潜在价值，关键在于如何将其融入目标体系。以上文小俊的故事为例，看比赛对小俊来说就是一种有价值的诱惑，他可以将看球赛作为一种奖励。有了这个偌大的奖励，本周的学习任务可以安排得更加紧凑，往返路途中的时间可以用于复习备考，为了防止复习时被打扰，可以选择独自前往赛场，看完比赛马上返程。

在你实现自律的路上有哪些诱惑？它们有哪些潜在价值？你如何将它们融入目标体系？请思考后补全下表。

诱惑	诱惑的潜在价值	融入目标体系

用诱惑建立奖励机制。诱惑带来的即时满足感，可以成为自律的正向激励。学会让诱惑为我所用，是更高层次的自律智慧。这不是对诱惑的妥协，而是更灵活、更积极地应对。让诱惑助力我们实现目标，在自律路上走得更远更稳。

实践与应用

自律就是自己管理自己，对自己负责，是达到目标、成就自我的有效途径。

一、活动实施

1. 阅读以下三个活动场景。

2. 和同桌共同选择其中一个，通过讨论，帮助主人公找到合适的方法。

二、活动场景

场景一：小勇不吃早餐，因为他常起得晚，随便吃块饼干就去上课。他还爱喝冷饮，尤其是运动后喝一瓶冰饮料，感觉畅快极了。前阵子小勇因为喝太多冷饮，得了急性肠胃炎，好不容易才恢复。医生叮嘱他：“必须按时吃三餐，不能喝冷饮。”但小勇好了伤疤忘了疼，把医生的话当作耳边风，结果现在常常胃痛，十分难受。这一次他决定要好好照顾自己的身体。

场景二：楚林是五年制的新生，一入学她就给自己定了个大目标，要在毕业前通过钢琴十级考试。于是每天课后她都会在琴房练一个小时才离开。可是不久，她练琴的时间越来越短了。因为她觉得自己还只是个“钢琴小白”，要通过钢琴十级考试简直是异想天开。你有什么高招能让楚林坚持下去吗？

场景三：德志有句口头禅是“提前计划，不会抓瞎”。他经常为自己做详细的学习计划，但常常又是三分钟热度，计划最后不了了之。实际结果和“抓瞎”区别不大。为此，同学们都叫他“计划大王”。德志很苦恼，明明每个计划都很完美，为什么就是实现不了呢？你会给他哪些建议呢？

拓展与延伸

提升意志力的训练方法

意志是指自觉地确定目的，并根据目的来支配、调节自己的行动，克服困难，实现预定目的的心理过程。

意志并非凭空而来，而是需要通过科学、可操作的日常训练逐步强化。通过一些简单易执行的方法，我们能从身心状态调节、行为习惯养成等维度，锻炼调控能力，让意志在持续的练习中成为稳定的心理特质。

一、正念冥想

操作：每天 10 分钟静坐，在安静的环境中，通过专注于呼吸、身体感受或当下时刻，觉察并接纳出现的各种念头和情绪，不评判、不抗拒，从而放松身心、提升专注力和意志力。

二、4-7-8 呼吸法

操作：吸气 4 秒→屏息 7 秒→呼气 8 秒，循环 5 组。

三、自然光照运动

操作：每天户外快走和拉伸 10 分钟，接受日光照射。

四、睡眠管理

操作：固定入睡时间（建议 22:30 前），周末晚睡不超过 1 小时；缺觉时可补觉半个小时。

五、渐进式肌肉放松

操作：从脚趾到头皮逐段收紧→保持 5 秒→突然放松，感受张力释放。

六、意志力持续性训练

1. 选择单一触发场景（如每晚刷牙后立即读书）。

2. 初始阶段强制完成最小单位的训练（如每天只读 1 页书）。
3. 进阶叠加行为链（读书→写 3 行笔记→整理书桌）。

探究活动

良好习惯的养成主要靠自律还是他律?

一、活动目标

1. 通过辩论加强对良好习惯和自律的思考。
2. 通过自律与他律的对比，更好地理解所学内容。

二、活动准备

1. 辩题：好习惯的养成主要靠自律还是他律?

正方：好习惯的养成主要靠自律。

反方：好习惯的养成主要靠他律。

2. 正反双方队员各 4 人，分别担任一辩、二辩、三辩和四辩。
3. 主持人和计时员各 1 名。
4. 其余学生为评委。
5. 桌椅呈半圆形摆放。

三、活动步骤

1. 主持人开场，宣读比赛规则。
2. 正反方一辩立论各 2 分钟。
3. 正反方二辩陈词各 3 分钟。
4. 正反方三辩陈词各 3 分钟。
5. 自由辩论各 3 分钟。
6. 正反方四辩总结各 3 分钟。
7. 同学自由提问 5 分钟，并完成对正反方的支持投票。
8. 主持人总结，宣布辩论结果。

四、活动评价

学生评价：学生评委分别给正反方打分并简要说明理由。

教师评价：教师结合相关知识点进行点评。

五、活动总结

辩论结束后完成下表。

你认为好习惯的养成靠 ____________。

我的思考	我想说
辩论中最打动你的是哪句话？	
说说你支持 ________ 方的理由。	
关于养成好习惯你还有什么想法？	

第五单元

自省与提升

吾日三省吾身：为人谋而不忠乎？与朋友交而不信乎？传不习乎？

——曾子

自我反省如同一面明镜，让我们清晰地看到自身的长处和短板。面对挑战时，它帮助我们发现问题本质，激励我们采取行动，而不是逃避或责怪他人。通过自我反省，我们可以发现并提升自己的能力，改善与他人的关系。自我反省还是激发我们改变现状的动力，促使我们不断努力，追求个人成长。

第一课　保持自我反省

学习目标

1. 理解自我反省的概念，并能够用自己的语言向他人说明。

2. 通过反省自己的行为表现，说出获得的新认知和行动方向，意识到自我反省的重要性。

3. 能够说出三种自我反省的方法，并根据实际选择合适的方法来反思自我，养成自我反省的习惯。

知识框架

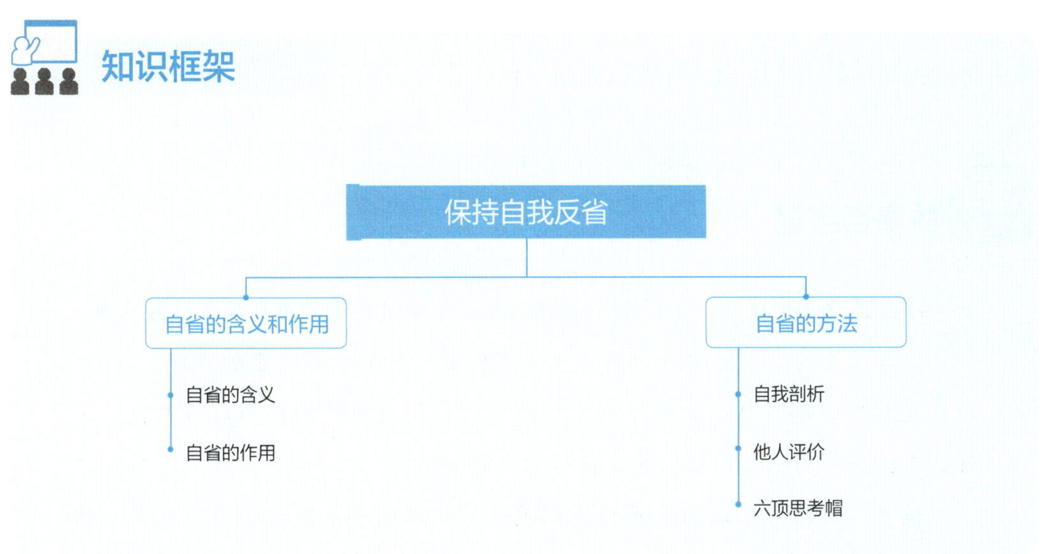

案例启思窗

雷明从学校毕业后进入一家广告设计公司工作。公司安排新员工从学徒做起。

有些新员工抱怨：“为什么让我们做这些无聊的工作？”“做这种简单的工作会有什么希望呢？”而雷明却什么都没说，他每天都认真地去做领导交办的每一件工作。

他态度端正，做事效率很高。更难能可贵的是，他对自己的工作有一个详细的记录。做什么事情出现了问题，他都记录下来，事后不断修正。

雷明经常问自己“为什么会产生这个问题 ？”“我应怎么改进？ ”“今后应该如何防止类似问题的发生？ ”“遇到类似事情，同事们的哪些方法我可以借鉴？ ”通过这样的反省，雷明提升了自己的工作能力。

经过一年的磨炼，雷明掌握了基层岗位工作要领。很快，他就被提拔为设计师助理。

思考：

1. 雷明为什么能够晋升？

2. 雷明把工作情况记录下来，不断进行自我反省，有什么意义？

一、自省的含义和作用

自省是借助自我意识，深入审视个人言行和思想的过程，它包括自我认知、自我约束与自我激励等多个层面。自省就如同一台高效的“优化器”。

故事百宝箱

小陈是技工院校的一名学生。最近他参加了学校举办的车床操作技能比赛。

比赛结束后，小陈拿出他的“自省优化器”开始反思自己的表现：

他首先回顾了自己在操作车床时的手法，认为自己的操作非常熟练，这得益于他平时的刻苦训练。这是值得肯定的地方。

接着，他思考了比赛时间的分配问题，意识到前半段过于追求完美，导致后半段时间紧张，影响了最终作品的精细度。这是他需要改进的地方。

通过这次自省，小陈明确了自己接下来的努力方向：一方面，他需要继续加强基础操作训练，以保持操作的熟练度；另一方面，他要学会更合理地分配时间，确保每个环节都能高质量地完成。

思考：小陈的故事对你有什么启发？

从小陈的故事中，我们可以看到自省的力量。它帮助小陈清晰地认识到了自己的优点和不足，并找到今后的努力方向。当我们通过自省认识到自己的优势时，我们可以发挥优势去追求成功；而当我们发现自己的不足时，自省激励我们认真总结经验教训，并采取行动进行改变，逐步提升自己的能力和素养，以实现个人成长和进步。

趣味体验营

同学们，轮到你们拿起自己的“自省优化器”，看看在学习、生活中有哪些值得发扬和需要改进的地方吧！

1. 请描述近期理论学习或实训的表现：________________________________

____

2. 请写出 1 个值得发扬的地方：________________________________

____

3. 请找出 1 个需要改进的地方：________________________________

____

4. 请设计出 2 个有效的改进措施：________________________________

____

二、自省的方法

自省不等于自我批判，也包括自我肯定，是一个全面审视自我的过程。我们可以通过以下方法进行自我反省。

1. 善用自我剖析刀

如果用冰山来比喻一个人的“自我”，我们能看到的行为只是冰山露出水面的部分，而在行为之下，还隐藏着应对方式、感受、观点、期待、渴望、自我等更深层次的心理要素。

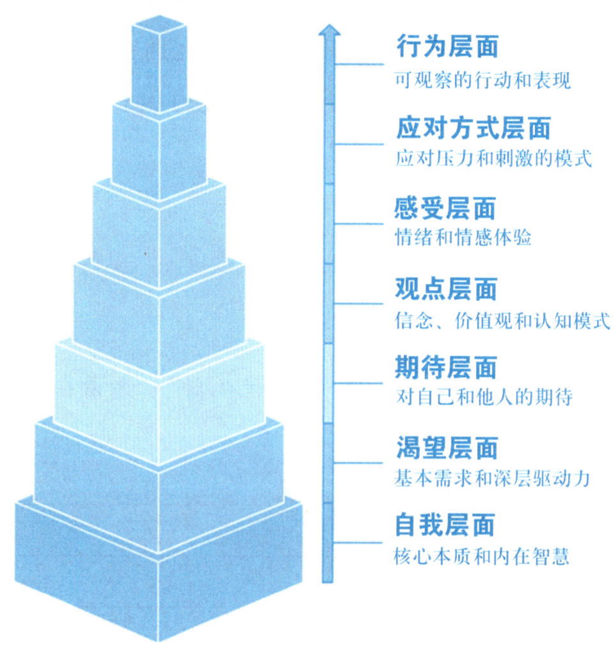

自我剖析就像用一把“刀”划开冰层，深入理解个人行为背后的心理动机和情感需求。

冰山理论中，不同层面具有不同的含义，我们可以对冰山模式从表层到深层逐层进行剖析，深入理解自我，促进自我反省。

不同层面	不同层面的剖析	剖析举例	应对策略
行为	详细描述引发自己情绪波动或事后感到困惑的具体行为	在演讲比赛中，我在台上紧张到忘词	—
应对方式	解读个体在刺激情境下的习惯性反应模式	紧张导致后面的演讲磕磕巴巴、声音颤抖，最终没能完成比赛	—
感受	思考行为背后的感受	手心出汗（焦虑）、面红耳赤（羞愧）	当情绪波动时，我可以使用呼吸减压法，通过调整呼吸来平复情绪

续表

不同层面	不同层面的剖析	剖析举例	应对策略
观点	探究感受背后的想法和观点	我怎么这么笨，连背好的词都忘了；观众一定觉得我准备不足	学会区分“事实”和“观点”。例如，“我忘记台词”是事实，而“我真笨”是观点。这有助于防止对事物的过度解读
期待	挖掘想法背后的期待	希望给观众留下好印象	将隐性期待转化为明确、具体的表达：将“希望给观众留下好印象”转化为“希望自己能流畅地完成演讲”
渴望	探寻期待背后的渴望	渴望被认可，并证明自己有能力	通过自我对话来满足内在需求：这次演讲虽然让我很是难堪，但参加这次比赛却是一次宝贵的经历。我可以通过与自己对话，总结演讲失败的教训，从而在未来的演讲中避免类似的失误，不断提升自己的表达能力和自信心
自我	个体的本质是个体在成长过程中逐渐形成的对自己的整体认知和体验，涉及个人的自我认同、价值观和生活目标	希望获得成就感	—

2. 活用他人观察镜

寻找我的高光时刻

请别人说说你的优点，越多越好，并记录在此。

____

____

____

思考：在以上优点中，有哪些是你未觉察到的？

我们对自己的认知往往带着主观滤镜，如同给自己戴上了“有色眼镜”。而他人如同一面观察镜，有时能够映照出我们行为的真实模样、性格中的隐藏角落，甚至思维的盲区。这些不同的视角可以帮助我们校正认知上的偏差，使自我反省变得更加精准和全面。

接下来，我们一起学习两种实用方法：一是主动寻求他人的反馈，借助他人的眼睛来照亮自己的盲区；二是通过与他人对比，在差异中寻找成长的空间。

（1）寻求他人反馈

要有效地寻求反馈并促进自我反省，可以遵循下图中的方法：

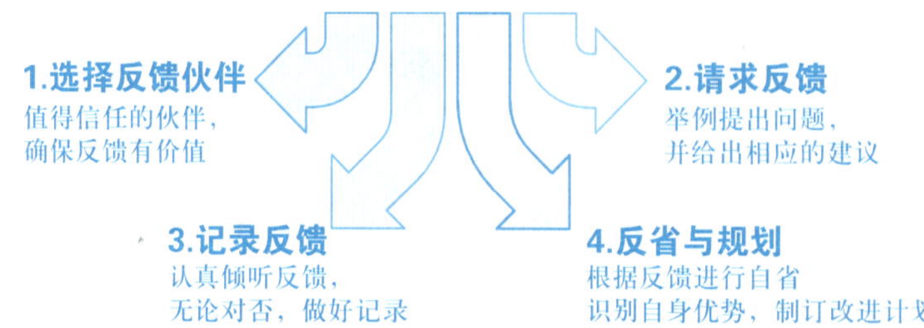

他人的反馈是成长的礼物，它激励我们持续自我反省，并将这些反省转化为实际行动，从而成长为更优秀的自我。

（2）与他人比较

请同学们按照以下方式，用红笔记录宿舍成员在宿舍交往中的长处，用黑笔记录不足之处，用于自省。

思考：我如何从他们身上学到人际交往技巧和避免不恰当的人际交往方式？

宿舍交往

子曰："见贤思齐焉，见不贤而内自省也。"通过与他人比较，我们能够观察到他人在态度、行为、技能等方面的表现，获取自省的宝贵信息。例如，借鉴同学好的学习方法，形成新的学习策略。同时，以态度不积极的同学为鉴，要求自己保持学习热情。与他人比较，为个人成长提供宝贵的视角，可以形成观察、学习、反思、成长的良性循环。

3. 巧用六顶思考帽

六顶思考帽是一种思维训练模式。在这个模式中，有六种颜色的帽子，每种颜色代表一种特定的思维方式和视角，使用者在思考过程中"戴上"某一顶特定颜色的帽子，然后严格按照该颜色所代表的思维方式，专注分析问题的对应方面。这种思维训练模式能帮助我们更全面、更系统地进行思考和解决问题。

六顶思考帽代表不同的思考角度，如红帽表达感受，白帽关注事实，黄帽挖掘优点，黑帽发现不足，绿帽激发创意，蓝帽调控思考过程。

运用这一方法进行自我反省，我们能够从多个视角审视同一个问题，全面分析自己的行为、思维和情感。这有助于我们更高效、更清晰地进行思考，从而更深入地认识自我。

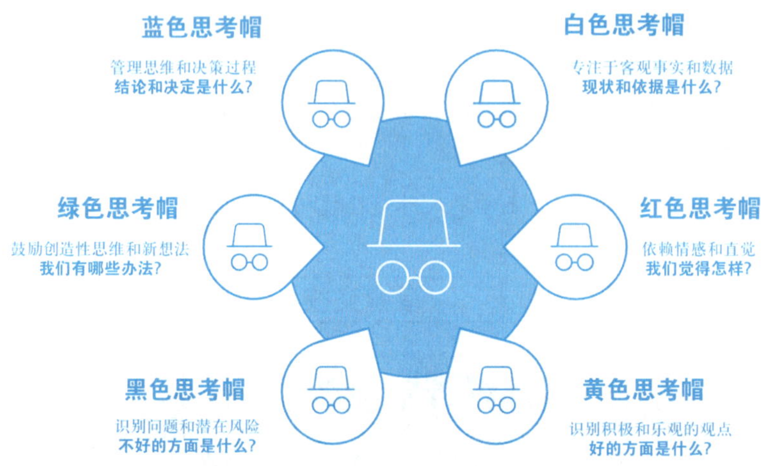

故事百宝箱

李欢加入了学校主持人协会，并经过不懈努力完成了元旦晚会的主持。为了提高自己的主持技能，晚会后李欢运用六顶思考帽思维训练模式对本次主持进行自省。以下是自省的详细过程。

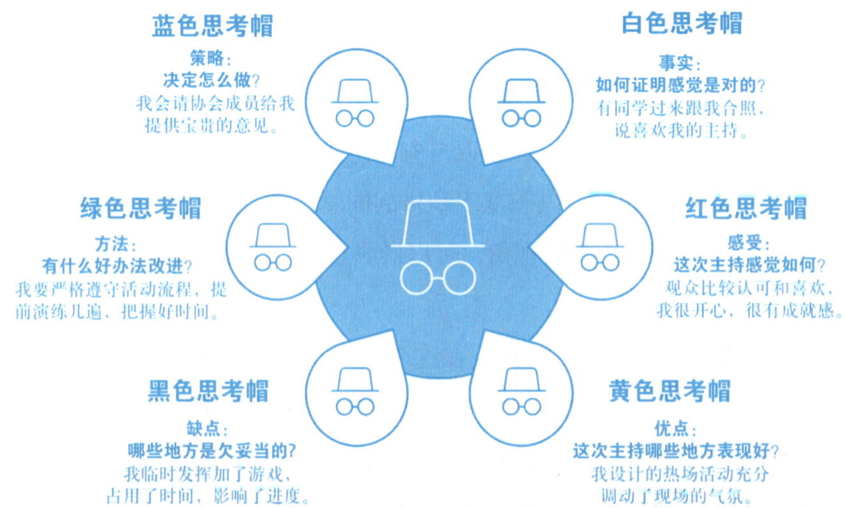

思考：李欢运用六顶思考帽进行自省有什么好处？

我们在使用六顶思考帽时，需要抓住一些关键技巧：

六顶思考帽	含义	技巧
白帽	客观事实	只说“发生了什么”，不带评价，用具体时间、行为、结果描述
红帽	感性释放	允许情绪化表达，不用解释原因，直接写感受词或短句
黑帽	理性批判	扮演“严厉的教练”，只找不足和风险，不回避痛点
黄帽	积极视角	扮演“鼓励的朋友”，只找出优点和潜力，哪怕很小
绿帽	脑洞方案	列举 3 个以上解决思路，越多越好
蓝帽	落地计划	从绿帽方案中选 2 个最易执行的，写出具体行动（谁、何时、做什么、目标等）

趣味体验营

巧用六顶思考帽

回顾一下你最近参加过的一次活动，运用六顶思考帽的小技巧进行自省。

实践与应用

制定自我冰山策略卡

请选择自己亲身经历的难以释怀的事件，尝试用冰山理论进行剖析并给出应对策略。

行为层面：________________

应对方式层面：________________

感受层面：________________

观点层面：________________

期待层面：________________

渴望层面：________________

自我层面：________________

拓展与延伸

六顶思考帽的应用变化

我们可以根据具体情况，灵活调整思考帽的搭配方式和使用顺序，以制定适合自己的策略。

场景一：制订下个月的会计科目备考计划

搭配方案：白帽→黄帽→黑帽→绿帽→蓝帽。

白帽：评估现状（每天有 2 个小时的空闲时间，可以用来备考）。

黄帽：增强动力（如果会计科目通过考试，将有利于明年的求职）。

黑帽：识别障碍（月底社团活动多，可能会打乱计划）。

绿帽：思考方案（将复习内容拆分到 25 天中学习，预留 5天弹性时间）。

蓝帽：编制复习时间表（每晚 20:00—22:00 学习，周末复习本周内容）。

场景二：情绪管理

搭配方案：红帽→白帽→蓝帽。

红帽：评估心理状态（我现在很焦虑，因为担心下周的演讲）。

白帽：分析焦虑来源（我第一次演讲，没有经验，不知道上台后会发生什么）。

蓝帽：采取行动（前 3 天，理解讲稿内容，设置 5 个记忆锚点，每天睡前看 PPT 演练 10 遍；后 4 天脱稿对着镜子演练，每天 10 遍）。

通过在日常生活中灵活运用六顶思考帽进行自我反省，我们可以将其内化为思维习惯，从而逐步提升自我判断力、创造力和情绪管理能力。

第二课　不断自我提升

学习目标

1. 能够阐述逆境中成就自我的意义，能用迎难而上、积极面对、不忘初心的态度克服困难。

2. 能够举例说明提高学习能力、沟通能力和培养团队精神对学生角色自我完善的作用。

3. 了解提升职业素质的途径，掌握职业认同感培养的方法，学会自我心理调适的步骤，做好职业人角色的自我完善。

知识框架

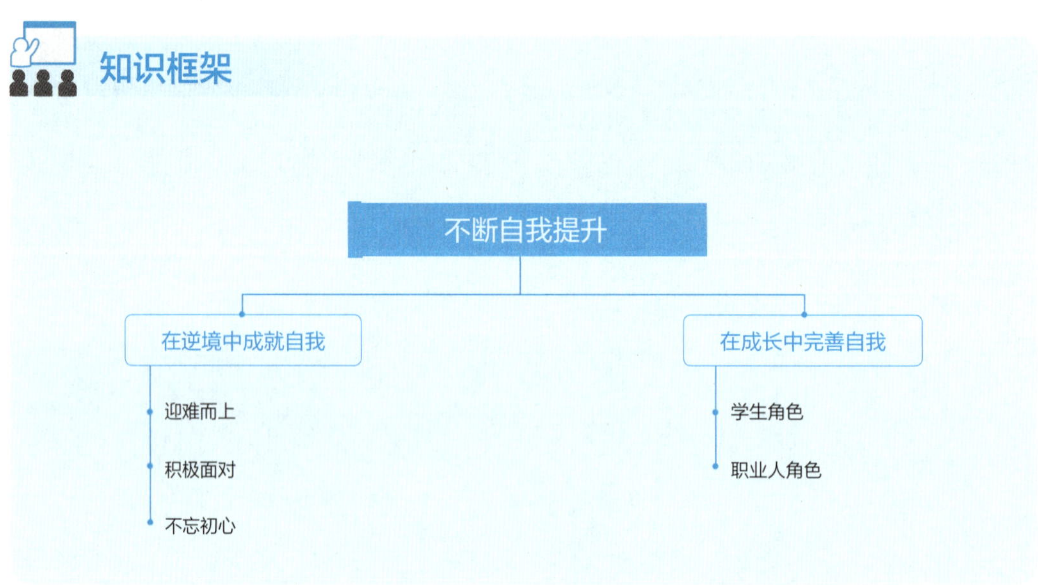

案例启思窗

卢仁峰，被誉为“独手焊侠”。

在一次工作中，卢仁峰不幸左手受伤，经过多次手术，虽然手臂得以保留，但功能基本丧失。这对于一位工作中主要靠双手操作的焊接工人来说，无疑是巨大的打击。然而，卢仁峰并没有因此沉沦，反而更加坚定了要重回工作岗位的决心。

在康复期间，他利用一切可以利用的时间，啃完了焊接初、中、高三个阶段的书籍，不断充实自己。回到工作岗位后，他开始单手练习焊接，其难度常人难以想象，但他从未放弃。经过五年的不懈努力，他不但恢复了过去的焊接水平，还再次成为厂里的技术领军人物。

面对困难和挑战，卢仁峰从未退缩。在我国研制新型主战坦克和装甲车辆时，他带领团队攻克了新型钢材的焊接难题。这项任务不仅技术难度大，而且时间紧迫，但卢仁峰凭借坚定的信念和过硬的技术，最终成功完成了任务。

思考：

1. 在卢仁峰身上你看到了哪些优秀品质？

2. 卢仁峰的经历对你有什么启发？

一、在逆境中成就自我

人生是一个自我提升、自我完善、自我实现的过程。然而，这个过程并非一帆风顺。我们常常会遇到各种困难与挫折，这是成长的必经之路。虽然挑战和挫折可能会带来痛苦和迷茫，甚至让我们想要放弃，但它们更是塑造个性、增强韧性和提升能力的重要途径。

每一次挑战都是一次成长的机会，每一次失败都是向成功迈进的一步。面对逆境和挫折，我们需要坚定的意志力、不懈的初心和智慧的头脑来克服困难。学会在逆境中锤炼自己的意志和技能，通过不断学习和实践来提升自我、成就自我。

趣味体验营

模拟人类进化史

1. 8 ~ 10 人一组，组内两两同伴通过“石头、剪刀、布”的猜拳游戏定输赢，赢的一方可以进化到下一阶段，输的一方要退行到前一阶段（位于第一阶段的保持不变）。

2. 进化的顺序及辨别性手势：

细胞（双手手指相触比作数字 0）→鱼类（双手合拢做鱼儿游的动作）→鸟类（两臂张开摆动）→哺乳动物（双手捶胸）→人类（双手无动作站立）。

3. 进化过程中，只能是同一阶段身份的两人进行猜拳。

4. 活动全程需做出辨别性手势，让他人识别你的身份，直到成为人类。

思考：

1. 当你退回到前一阶段时，你有什么感受？

2. 在逆境中，你是如何保持积极态度并继续努力进化的？

1. 迎难而上，越战越勇

艰难困苦，玉汝于成。真正的强者如同战士，逢山开路，遇水架桥，即使暂时被困难击倒，也能重新站起，继续奋战，最终赢得胜利。捕获一头猛虎，猎人的经验就会更加丰富；登上一座高峰，登山者的体魄便会得到进一步锤炼；克服一个困难，我们的能力也会得到提升。

在学习、工作和生活中，我们都会遇到层出不穷的困难。若在困难面前裹足不前，只会消磨意志。我们首先要具备迎难而上的勇气，面对巨大压力或逆境时，勇敢接受生活的挑战。

其次要以战养战，在克服困难的过程中不断提升自己，锤炼能力，从而从容应对前路的更多挑战。唯有如此，才能在追寻目标的漫漫长途中坚定前行。

故事百宝箱

在一座山上，有两块石头。三年后，它们却拥有了截然不同的命运：一块被雕琢成受人敬仰的雕像，而另一块则成了被人踩在脚下的台阶。

成为台阶的石头心中愤懑不平，对雕像说道："老兄，我们本是同座山的石头，为何如今境遇天差地别？我实在想不通。"

雕像平静地回答："老弟，你可还记得当年工匠挑选我们时，你因无法忍受雕琢之苦，才被凿了几下就痛不可耐，最终只经过简单打磨，铺成了台阶？而我，为了日后的蜕变，咬牙承受了千万次的切割与打磨，每一刀都深入骨髓，但我坚持下来了，才成就了今日的模样。"

思考：如果将人生比作一块未经雕琢的原石，若想脱颖而出成为雕像，需要具备怎样的品质？

2. 积极面对，变害为利

故事百宝箱

陈育在校期间表现优异，成绩突出，担任学生会干部，深受老师的认可和同学的喜爱。毕业后，他加入了一家环境评估公司。

在一次外出勘查现场的任务中，由于对方临时有事无法到场，陈育不得不返回公司处理其他工作任务。项目主管并不了解具体情况，见到他返回公司，便误以为他工作懈怠，随即对他进行了批评。他一时冲动，决定辞职。

陈育在校期间一直受到老师和同学的认可，学习和生活都相对顺利，鲜少遭遇挫折。这次在工作中遭遇误解，他感到受了极大的委屈和打击。由于他的受挫能力较弱，未能冷静处理这次误解，未作解释便放弃了这份工作。

思考：

1. 你认为陈育的做法妥当吗？为什么？
2. 如果你遇到这样的挫折，你会怎么处理？

挫折在弱者面前犹如万丈深渊，对强者而言却是迈向成功的阶梯。人生难免遭遇挫折，这是普遍存在的现象。面对挫折时，不同的态度往往会导致截然不同的结果：有人因无法承受打击而消极懈怠，有人能够主动调整心态迎难而上，在困境中寻找突破的方法。

在经历挫折时，重要的不是挫折本身，而是你选择以何种态度来面对，以及采取怎样的行动去改变。

首先，我们应当学会在挫折中审视自身不足，通过深刻反省来及时调整。

其次，我们要培养在挫折中寻找机遇的能力，将看似不好的经历转化为促进个人成长的机会。如此一来，挫折不仅无法将我们击垮，而且还会成为挖掘我们自身潜能的契机，也会增强我们面对未来挑战时的韧性。

逆境之光：认知重塑

1. 以小组为单位，对下列负面情境进行认知重塑。

（1）参加技能比赛未能晋级。

（2）维修设备时不小心弄坏零件。

（3）小组合作中被队友质疑能力。

（4）参加演讲比赛时紧张到发挥失常。

2. 用“虽然……但是……”句式将上述负面情境转化为成长和学习的机会。

3. 每组展示转化结果，并解释这一转化如何以更积极的态度面对逆境。

4. 评审与反馈：以自评、小组互评、教师评价方式综合评价各小组的表现，并给予反馈，评出最具创意的转化小组、最佳心态小组、逆境成长模范小组。

3. 不忘初心，方得始终

无论遭遇何种挫折，我们都应当坚守初心、坦然面对，将其视为难得的历练机会。

在与挫折抗争的过程中，我们能够锤炼勇气、磨砺韧性、激发潜能。今日的每一次坚持，都会在未来化作闪耀的勋章。

知识加油站

毛竹的成长启示

在植物界，毛竹展现了令人惊叹的生命力。最初几年，它看似生长缓慢，地面部分几乎看不出明显变化。然而，当根系在地下充分延伸、积蓄足够能量后，它便迎来了爆发式的成长期，在短时间内就能拔地而起，直指苍穹。

毛竹厚积薄发的生长模式向我们揭示了一个道理：成功往往需要经历长时间的积累和沉淀。就像毛竹一样，在看不见的地方默默扎根，在无人喝彩时坚持成长。面对目标，我们要学会不忘初心、保持定力，不因外界干扰而动摇，始终以坚定的信念和积极的态度应对挑战，最终必将迎来属于自己的成长突破。

二、在成长中完善自我

知识加油站

$$1.01^{365} \approx 37.78$$

$$0.99^{365} \approx 0.03$$

这些简单的数学公式告诉我们，持续微小的进步能够创造惊人的改变。

如果每天进步 0.01，一年累积下来，成果将达到原来的约 37.8 倍；若保持原地踏步，一年后依然如故；若每天退步 0.01，一年后将仅剩初始状态的 3%。

可见，在个人成长过程中，若能坚持每天做出微小但正向的改变，不仅我们的知识和技能会增长，个人品质、思维模式、行为习惯也会得到提升和完善。通过持之以恒的自我完善，我们能够不断开发潜在能力，突破固有局限，最终实现个人成长的跨越式发展。

1. 学生角色的自我完善

故事百宝箱

初入技工院校，李浩对专业技能充满了好奇与向往。然而，面对复杂的知识和操作流程，他一度陷入困境。但他并未轻言放弃，而是通过制订系统的学习计划，虚心向师长请教，反复实践练习，最终熟练掌握了专业知识和操作技能。

在社团活动中，李浩屡次因沟通不畅影响工作进度。此后，他积极参加演讲和辩论活动，提升语言表达能力；通过学习和实践，掌握倾听理解、换位思考等沟通技巧。

机器人制作项目中担任团队负责人期间，面对成员间的意见分歧，李浩凭借在社团工作中积累的沟通技巧，积极尝试激发团队士气，高效整合集体智慧，最终成功引领团队圆满完成项目任务。

思考：

1. 李浩在专业学习遇到困难时，采取了哪些有效的学习方法？
2. 你认为李浩还可以通过哪些方式锻炼自己的沟通表达能力？
3. 作为项目负责人，李浩是如何化解团队分歧并带领团队取得成功的？

成为技能人才，需要不断自我完善：提高学习能力，筑牢职场基础；提高沟通能力，增强社会适应性；培养团队精神，学会与他人共同面对挑战。

（1）提高学习能力

我们可以通过下图中的方法提高学习能力。

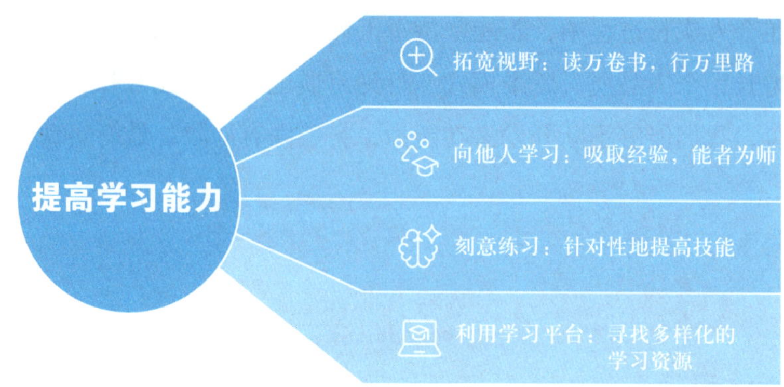

趣味体验营

三人行必有我师，他山之石可以攻玉。在你身边一定有优秀的人，他身上有值得你学习的地方，有助于你提升自我，获得成长与进步，请你记录下来。

在生活中我可以向（谁）________学习 ______________的行为（或者品质、态度等），从而不断完善自己。

在理论学习中我可以向（谁）________ 学习 ______________ 的行为（或者品质、态度等），从而不断完善自己。

在实操学习中我可以向（谁）________学习 ______________ 的行为（或者品质、态度等），从而不断完善自己。

（2）提高沟通能力

我们可以通过下图中的方式提高沟通能力。

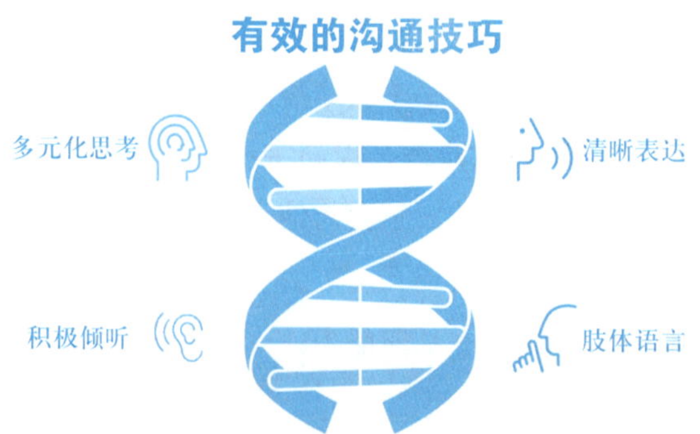

（3）培养团队精神

手指拍掌游戏

请依次用右手的一根、两根、三根、四根、五根手指拍击左手手掌三次，感受每次拍掌的声音大小，并说说你的感想。

当你用五根手指一起拍掌时，掌声最为响亮。这个简单的动作展示了团队合作的力量。

“人心齐，泰山移”这句古训生动诠释了团结协作的强大力量。团队精神主要体现在三个方面：全局观念、协作能力和奉献精神。它代表着一种积极进取、充满活力的团队风貌。

增强团队精神，就要从思想上充分认识到团队的重要作用，树立团队意识，以身为团队一员为荣，自觉维护集体荣誉。从自身做起，心往一处想，劲往一处使，加强团队沟通，相互协作，不断增强团队的凝聚力和向心力。

故事百宝箱

梭子鱼、大虾和天鹅想把一辆小车拖走，它们套上绳索，用尽全力，累得青筋暴起，可车子纹丝不动。其实，车上的货物并不重，以它们三个的力量本可以轻松拉动。那为什么车子没动呢？

原来，天鹅拼命往天上飞，大虾弓着身子使劲往后拖，梭子鱼则竭尽全力往池塘里拉。尽管它们都在拼命用力，但由于用力方向不一致，小车始终停在原地。

思考：如果把梭子鱼、大虾、天鹅看成一个团队，你有什么启发？

2. 职业人角色的自我完善

从学生到职业人的角色转变是每位技工院校学生的必经之路。在这个过程中，除了培养自身的岗位能力之外，我们还应提升自身的职业素质，培养较高的职业认同感，学会自我心理调适，保持良好的职业态度和持久的职业热情。

（1）提升职业素质

提升职业素质有助于个人更好地适应职场变化，抓住更多发展机会，确保个人职业生涯的长期稳定和持续发展。

要提升职业素质，我们不仅要学习职业知识，提升职业能力，还要形成职业意识，养成职业行为习惯，树立职业理想信念。

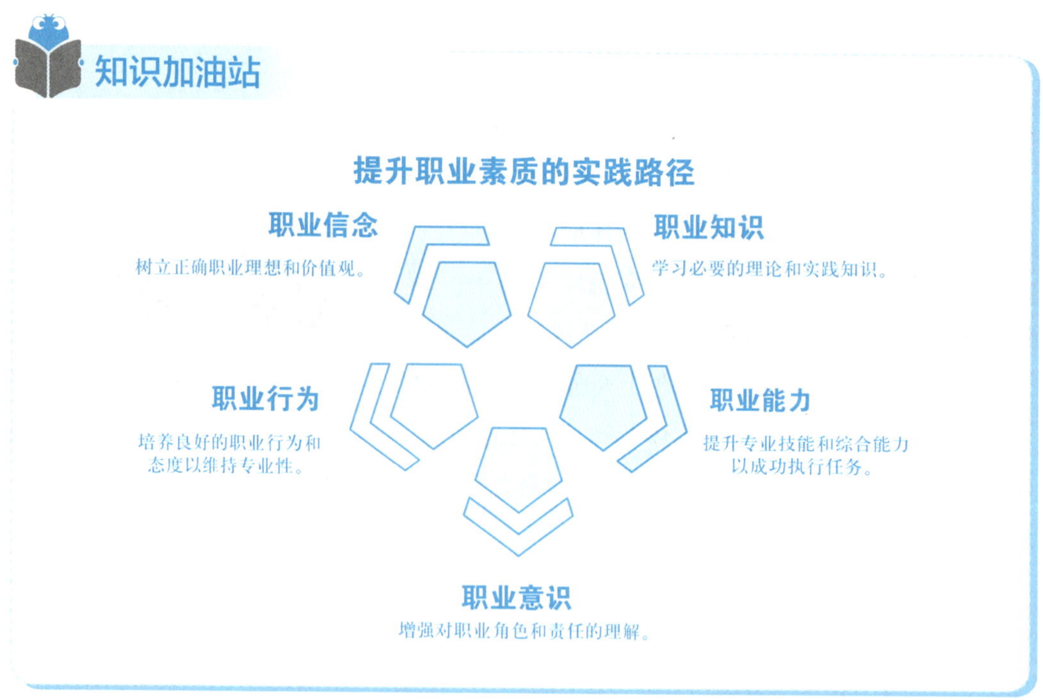

（2）培养职业认同感

职业认同感即个人对职业的肯定性评价。拥有强烈的职业认同感，意味着个体能够清晰地认识到自己职业的社会价值和意义，从而更加热爱自己的职业，愿意为之付出努力，并在工作中获得满足感和成就感。我们可以从职业认同感的四个维度入手，系统地培养和强化职业认同感。

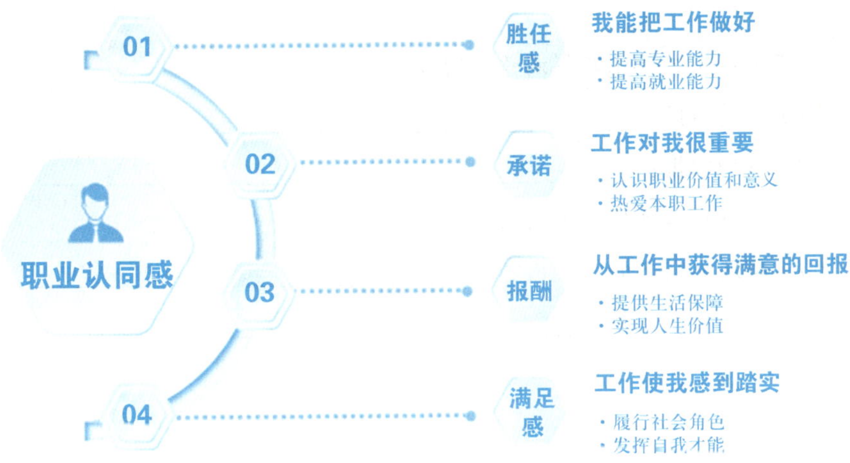

职业认同探索

请同学们首先写下想要从事的职业，然后从上文中的四个维度去思考自身的职业认同感。

1. 职业选择

我的职业选择：________________

2. 胜任感：我能把工作做好

（1）专业能力：

①我掌握的专业知识：________________

②我具备的专业技能：________________

（2）就业能力：

①我具备的通用能力：________________

②我需要加强的就业能力：________________

3. 承诺：工作对我很重要

（1）该职业对社会的意义：________________

（2）该职业对我的意义：________________

4. 报酬：从工作中获得满意的回报

（1）物质回报：________________

（2）精神回报：________________

5. 满足感：工作使我感到踏实

（1）特别感兴趣的工作内容：________________

（2）发挥自我才能：________________

（3）增强自我心理调适能力

自我心理调适是指根据自身发展及环境需求，对自己的心理状态进行的控制和调节。我们可以尝试通过下图中的步骤进行自我心理调适：

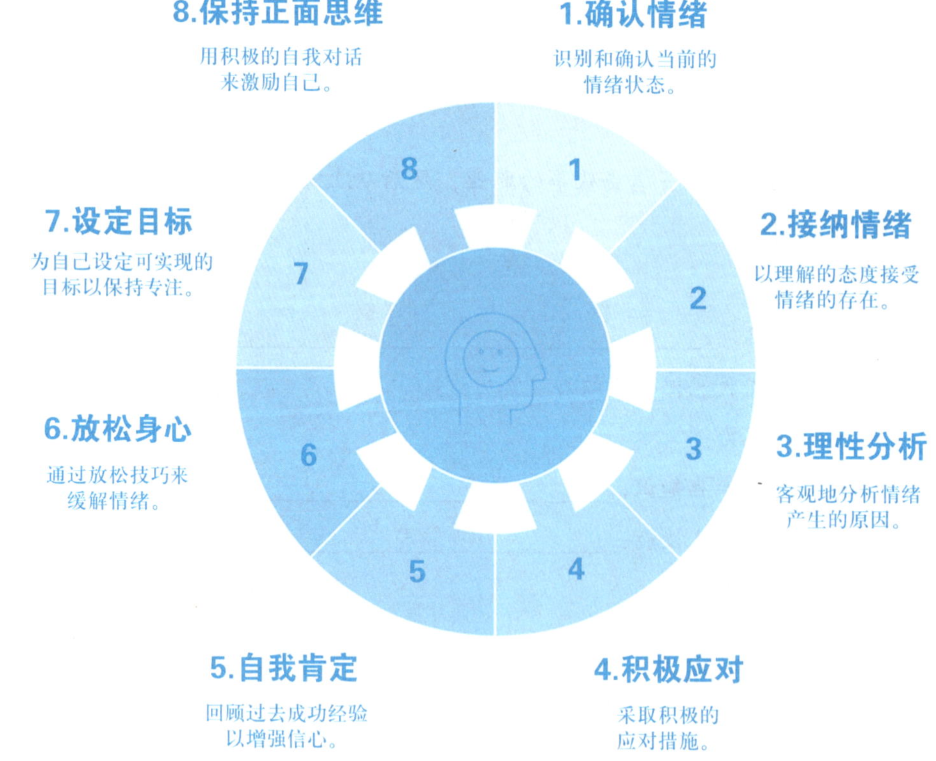

故事百宝箱

赵磊是新入职销售部的应届毕业生。在工作中，他觉得力不从心，很多看起来很简单的事情，他做起来却很吃力。

他感觉与顾客沟通不够顺畅，许多顾客似乎对他不太信任，转而咨询其他销售员。为此，他还与同事发生过冲突，觉得是同事在跟他争抢客源，而同事们似乎也不太喜欢他。

除此之外，他发觉自己所学的知识似乎不足以应对工作，不禁对自己的专业水平产生了怀疑。渐渐地，他做事越来越缺乏自信，甚至害怕上班，害怕领导交代任务。他每天的情绪都很低落，甚至产生了辞职的念头。

思考：

1. 赵磊在工作中遇到了哪些具体问题？

2. 这些问题对赵磊的心理状态产生了哪些影响？

3. 你认为哪些自我心理调适的方法可以帮助赵磊缓解压力，重拾信心？

实践与应用

1. 请写下你认为本专业需要具备的四种职业素质。

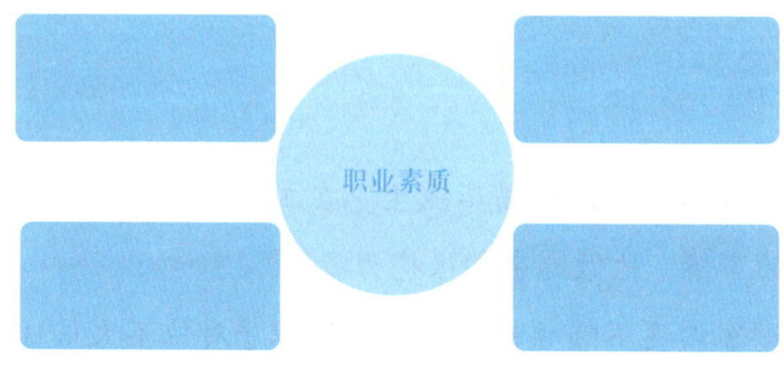

2. 请选择你的职业榜样，并说明职业榜样对你建立职业认同感有何作用。

我的职业方向：______________________________

我的职业榜样：______________________________

职业榜样的作用：______________________________

3. 面对充满未知的职场环境，请写出你认为适合的心理调适方法。

心理调适方法

成长破圈模型

成长破圈模型是心理学上的一个模型，该模型将个人的成长过程比作从一个圈层跃迁到另一个更大的圈层。每个圈层代表一个阶段的能力水平，而破圈则意味着突破当前的限制，进入到一个新的、更广阔的领域。

该理论描述了舒适圈、恐惧圈、学习圈、成长圈、自在圈。在自在圈层，个体已经完成了挑战、解决了困难，达到了一个相对舒适自然的状态，但这并不意味着成长停止，而是开启了新的探索之旅。

下表通过回顾小时候学习骑自行车的经历来阐述这一模型。请在阅读后，选择你希望提升的能力，将表格填写完整。

阶段	示例描述	我的选择
舒适圈	未曾骑行，但内心充满渴望，希望像其他小朋友一样学会骑自行车	
恐惧圈	对学习过程中可能发生的摔倒、磕碰以及随之而来的疼痛感到畏惧	
学习圈	在父母的耐心陪伴与指导下，坚持每日练习骑行技巧	
成长圈	经过两个月的努力，逐渐掌握了骑行中的平衡与控制	
自在圈	可以在无辅助的情况下，独立骑行，享受自由骑行的乐趣	

探究活动

挫折转化小课堂

一、活动目标

回顾个人挫折经历与应对方式，运用自我管理方法，探索挫折转化为成长契机的路径。

二、活动准备

学生回顾日常生活中的挫折事件，并浏览本活动中的表格。

三、活动步骤

学生独立填写表格，小组内分享交流，最后选取代表在全班分享。

自我管理维度	我的挫折经历	目前的应对方式	提升与完善的方式
角色认知			
时间管理			

续表

自我管理维度	我的挫折经历	目前的应对方式	提升与完善的方式
计划管理			
情绪管理			
心态管理			
良好习惯			
自律能力			

四、活动评价

学生评价：各小组互相打分并简要说明理由。

教师评价：教师结合相关知识点进行点评。

五、活动总结

学生结合活动过程与评价，明确自身在挫折应对中的不足与改进方向。